Tout ce que peut l'amour

9, rue de l'École-Polytechnique – 75005 Paris
www.michalon.fr
ISBN : 978-2-84186-982-4

Chloé Duperrin

Tout ce que peut l'amour

Un bébé dans le monde du cancer

Michalon Éditeur

Aux soignants de Soley,
les alliés de notre grande guerre.

À Florent, boyfriend extraordinaire. À Liv et Niels,
qui ont ramené la lumière. Et à Soley, *always* –
mes yeux sont restés sur le chemin.

Première partie

La grande croisade

« *Vous êtes sur le point d'embarquer pour la Grande Croisade,*
vers laquelle nous avons mobilisé tous nos efforts
ces derniers mois. Votre tâche ne sera pas simple.
Votre ennemi est bien préparé, bien équipé et rompu
au combat. Il combattra sauvagement. »

Dwight D. Einsenhower, commandant en chef des Forces
alliées en Europe, le 5 juin 1944.

J'écris cette histoire depuis des années, et toujours à tâtons. J'ai commencé pendant la maladie de Soley, des statuts Facebook qui se sont peu à peu transformés en textes plus longs : j'ai pris des notes, des phrases écrites à chaud dans notre petite chambre d'hôpital, souvent de nuit, quand Soley vivait encore et qu'elle respirait à côté de moi, et j'ai commencé à publier sur un blog créé à la va-vite. D'abord en anglais, pour mes amis étrangers qui attendaient des nouvelles de Soley, et parce que c'était dans cette langue que j'échangeais avec les familles américaines touchées par le même cancer. Mais aussi parce que c'est comme ça que me venaient les mots ; une façon de mettre de la distance peut-être. L'été qui a suivi la mort de Soley, j'ai essayé de fixer des scènes dont je sentais déjà qu'elles m'échappaient, des souvenirs décousus, des bouts de poèmes, des paragraphes inachevés, des coups de colère contre ce qui me heurtait, ce qui m'écorchait dans cette nouvelle vie sans ma fille, c'est-à-dire à peu près tout. J'ai recopié des citations, des extraits de romans, des paroles de chansons, une poignée de dialogues. J'ai récupéré le dossier médical de Soley, j'ai archivé les textos envoyés depuis l'hôpital, et les appels à l'aide que j'avais postés sur le groupe Facebook d'entraide. Après, on m'a proposé d'écrire des articles sur mon quotidien de mère endeuillée pour un magazine en ligne, et c'était une façon infléchie de poursuivre le récit. Mais que faire de ces fragments éparpillés ? Je voulais écrire un texte qui soit un abri et un écrin, et en même temps un manuel de survie. Je voulais écrire le livre qui ressusciterait ma fille, et celui que j'aurais aimé lire pendant que nous traversions son combat contre le cancer. Quelque chose de brut et d'honnête, sans édulcorer une seule scène. Tout dire, y compris ce dont j'avais honte et ce que je regrettais le plus. Je voulais écrire un livre sur le deuil périnatal qui ne soit pas un texte apaisé, car j'étais tellement en colère. Surtout pas un témoignage qui se termine par la naissance d'un nouvel enfant ou pire, une citation bateau sur le bonheur triomphant de l'adversité. Karen Blixen dans les *Sept contes gothiques* : « Toutes les peines, on les peut supporter si on les fait rentrer dans une histoire, ou si on peut raconter une histoire sur elle ». Toutes les peines, peut-être pas, mais on peut essayer.

Écrire ne m'est pas venu facilement. Chaque paragraphe couché sur le papier m'a coûté, comme un accouchement long et douloureux dont je ne vois pas le bout. Je sais que je dois me coller devant mon ordinateur et laisser couler cette histoire qui m'habite et me hante. Mais j'y vais à reculons, parce qu'à chaque ligne, je vacille, je trébuche, je ne trouve pas les mots qui rendraient justice à ce que nous avons vécu. Parce que réécrire ces scènes, relire ces comptes-rendus médicaux me renvoie à l'époque la plus terrifiante de ma vie. Parce que j'ai peur de ne pas être à la hauteur, mais que l'idée d'échouer n'est pas acceptable quand elle est liée à Soley. Ma psy dit que, d'une certaine manière, je ne veux pas la laisser partir une seconde fois. Pourtant, j'ai l'impression que je traîne cette histoire derrière moi comme un boulet, et que j'aurais dû conclure depuis déjà bien longtemps. À Hemingway maintenant : « Écrivez avec force et clarté sur ce qui fait mal. » J'essaie, Ernest, j'essaie. Mais justement, ça appuie sur la plaie.

Un après-midi, bien des années après la mort de Soley, j'entends par hasard un membre de ma famille raconter notre histoire à une visiteuse inconnue. Sauf que ce n'est pas notre histoire, parce qu'il la raconte avec son regard et son interprétation, avec son lot d'inexactitudes et d'exagérations, d'erreurs dans les dates et dans le déroulé des événements. Je ne me reconnais pas dans ses mots. J'ai l'impression d'entendre le scénario d'un mélodrame médiocre, et personne ne veut voir sa vie caricaturée en mélodrame médiocre. Les personnages au casting sont pathétiques, celui d'Hadj en particulier n'en sort pas grandi, j'imagine sa fureur s'il était à côté de moi à cet instant. Même si ça ne risque plus d'arriver maintenant. Je tourne en rond dans la pièce, le cœur battant, un peu nauséeuse. Je pourrais descendre l'escalier, faire connaître ma présence et mettre un terme à la discussion, mais je ne bouge pas. À la fin de l'histoire, la visiteuse lâche un commentaire terrible. En parlant de moi, elle dit : « Au final, elle a bien rebondi. » Et alors je comprends qu'il va vraiment falloir que je raconte notre histoire.

*

Pendant huit mois, j'ai vécu au pays du cancer. Il était déjà tard quand nous avons atterri, au milieu du mois d'octobre : je me souviens du parking, de l'épaisseur de la nuit, d'une salle d'attente bondée, de réfugiés aux visages fatigués. Je ne connaissais presque rien de cet endroit. J'avais entendu des rumeurs, mais je n'aurais jamais imaginé que je me retrouverais là. J'avais peur. J'ai avancé avec mon bébé dans les bras. Tout a été très vite. Les premiers jours, j'ai marché dans un brouillard de douleur. Puis je me suis faite à cette nouvelle vie, cette nouvelle normalité. La vie a continué, seulement différente. Nous avons quitté notre maison pour vivre dans une petite cage qui ne fermait pas à clé, et notre univers s'est rétréci sur ces quelques mètres carrés : la visite des médecins le matin, les passages des infirmières, la sonnerie du pousse-seringue pour le dernier médicament vers deux heures du matin.

La première fois que j'ai entendu le mot « VP16 » dans la bouche du docteur B., j'ai compris « Vépèze », et j'ai passé des heures sur Internet à essayer de retrouver ce terme mystérieux avant de comprendre qu'il parlait de la molécule de l'étoposide, l'une des chimiothérapies. Car le monde du cancer a son propre langage, et petit à petit, de nouveaux mots sont venus s'ajouter à ma liste : HTIC, ventricule, bloc, biopsie, exérèse, post-op, shunt, PL, ATRT, mutation, gène INI1, dissémination leptoméningée, métastase, irradiation craniospinale, neurotoxicité. Je voulais comprendre tout ce que les médecins disaient de ma fille, sans me satisfaire de la version simplifiée qu'ils voulaient bien nous donner. C'était aussi une façon de ne pas leur laisser tout le savoir, le monopole du pouvoir. Alors j'ai appris une nouvelle langue, pour survivre dans mon nouveau monde.

J'ai vécu la peur au ventre, à en être physiquement malade, pliée en deux dans les toilettes quand Soley partait au bloc, parce qu'on dit « au bloc », comme on dirait « au front ». J'ai vécu l'angoisse qui monte tout au long de la journée en attendant les résultats de l'IRM, les médecins qui toquent à la porte et nous demandent de les suivre, cette longue traversée du couloir comme avant une exécution, les politesses d'usage pendant que mon cœur bat en attendant la sentence. Mais allez-y, crachez le morceau, qu'on aille au but, qu'est-ce que vous avez vu sur cette putain d'IRM ? J'ai vécu sur le fil, le pistolet sur la tempe, la mort en ligne de mire. Je l'ai vu se pencher sur mon bébé des dizaines de fois. J'ai prié. J'ai crié. J'ai négocié. J'ai pleuré. J'ai supplié. Et elle a reculé, mais de quelques pas seulement.

On a vécu l'enfer, et on a connu l'amour. On a chanté, on a dansé et on a ri, on a vraiment ri. On a compté tous les bonheurs : le plus grand, celui d'avoir donné la vie à la plus extraordinaire des petites filles, mais aussi tous les petits, chaque minuscule bonne nouvelle, chaque moment partagé. Et nous n'avons pas été seuls, non plus. Les soignants de Soley ont souvent été extraordinaires. Nos familles étaient là au quotidien pour nous entourer, nous ravitailler, apporter des smoothies et du linge propre, prendre le relais quand c'était possible. Nos amis sont venus nous rendre visite avec des potins et du vin, passant la frontière jusqu'à nous, ouvrant pour quelques heures une fenêtre sur le monde du cancer.

Ensemble, nous sommes allés là où personne ne veut aller. Nous avons vécu une réalité dont la plupart des gens ne veulent pas connaître l'existence. L'hôpital est devenu notre refuge, notre foyer, et là où les autres voyaient la tristesse et la maladie, nous avons vu le temps suspendu, le cocon qui permettrait à notre fille d'exister. Nous avons dû comprendre, nous avons dû choisir, nous avons dû continuer à respirer. Et nous avons été trempés, comme on le dit d'une épée.

*

La nuit où nous sommes entrés en guerre a commencé exactement vingt-quatre heures plus tôt, un vendredi d'octobre. Soley n'est pas comme d'habitude. Alors qu'elle fait ses nuits depuis déjà deux mois, ce soir-là, elle se réveille, pousse un cri. Quelques heures plus tard, de nouveau, un cri. Je ne me lève pas. Je ne la prends pas dans mes bras. Je me contente de murmurer : « Chut, Soley, c'est la nuit ». Elle se rendort, mais au matin ne sourit plus, joue sans entrain, se met subitement à hurler alors que je fais la queue au bureau de poste ; je ressors précipitamment, vaguement inquiète, un peu gênée. De retour à la maison, elle prend le sein comme d'habitude, mais son front reste plissé. D'un seul coup, quelques minutes après la tétée, un impressionnant jet de lait sort de sa bouche, comme d'une bouche à incendie qui exploserait soudainement. Je la couche pour sa sieste, elle ne trouve pas le sommeil, se réveille en pleurnichant toutes les demi-heures. J'envoie un texto à Hadj pour lui dire que notre bébé semble malade. Quand il rentre du travail en fin d'après-midi, elle vomit encore une fois. Je lui donne un peu de Doliprane, mais je ne sais pas trop quoi faire d'autre. Est-ce qu'on est censés l'emmener à l'hôpital ? Est-ce que je panique pour rien ? Au téléphone, ma belle-mère me conseille d'aller aux urgences, ne serait-ce que pour nous rassurer, et pour donner à Soley quelque chose de plus fort si le Doliprane ne la soulage pas. J'hésite encore, nous la recouchons dans son lit en espérant qu'elle se calme. Mais au lieu de s'endormir, elle se remet à vomir. Quand nous partons enfin pour les urgences pédiatriques de Purpan, il est vingt-deux heures.

Arrivés sur place, il y a beaucoup de monde, un panneau lumineux indique en lettres rouges : « Temps moyen d'attente, 1 heure 45 ». Je râle, me demande à voix haute si on a bien fait de venir. Heureusement, comme Soley n'a que trois mois, une infirmière vient rapidement l'examiner avant de nous renvoyer dans la salle d'attente le temps que son dossier soit transmis à un médecin. Dans l'intervalle, elle se remet à vomir à nouveau ce jet de lait impressionnant. Et ça me rassure presque cette fois, je me dis qu'ainsi les soignants verront qu'elle est bien malade, et qu'ils vont s'occuper d'elle plus vite. Effectivement, la pédiatre de garde arrive, se présente (elle est neurologue) et nous explique : « Nous allons faire un scanner cérébral, pour vérifier qu'il n'y a rien ; ensuite, nous ferons des prises de sang. » Elle nous annonce cela calmement, et Hadj ne semble pas inquiet non plus. Mais déjà mon ventre se tord. Un scanner cérébral ? Quel rapport avec les vomissements ? Ils pensent peut-être que Soley a quelque chose de grave ? Je m'efforce de ne pas paniquer, de respirer, de me convaincre que ça peut être tout et n'importe quoi. Ils prennent juste des précautions supplémentaires parce que c'est un si petit bébé.

On nous emmène dans la salle du scanner. Ils installent Soley dans une espèce de couverture remplie de microbilles qui se gonflent autour d'elle en l'entourant comme un cocon. Cela ne semble pas la déranger, peut-être parce que ça lui rappelle l'emmaillotage dont elle a l'habitude à la maison. On nous passe deux lourdes tuniques pour nous protéger des rayons. C'est rapide, Soley est calme, l'examen se passe bien. Dans le fond de la pièce, les manipulateurs radio regardent leurs écrans. À cet instant, ils voient ce que je ne vois pas : l'énorme tâche au milieu de son cerveau. Déjà, ils savent. Et peut-être que d'une certaine manière, nous aussi. Pour l'instant, on ne nous explique rien, juste que les clichés vont être envoyés au radiologue et qu'un médecin viendra bientôt nous voir. L'infirmière nous accompagne dans un box de soins. À deux heures du matin, la neurologue revient, suivie de l'infirmière avec une boîte de mouchoirs. Elle nous regarde et demande doucement : « Est-ce que vous savez un peu comment ça marche, le cerveau ? »

Soley est endormie dans mes bras. Je hoche la tête sans un mot mais à l'intérieur, je hurle que non, je ne veux pas savoir comment ça marche, le cerveau. Parce que mon bébé va très bien, elle va très bien, elle a juste attrapé une petite gastro, un petit virus, hier encore, elle était tout à fait en forme, il y a quinze jours nous étions chez la pédiatre pour sa visite mensuelle, et la pédiatre a dit que tout allait bien, alors pourquoi j'aurais besoin de savoir quoi que ce soit sur le cerveau ? La neurologue commence à dessiner à main levée un schéma sur un papier absorbant. « Dans le cerveau, il y a un liquide qui coule, ça s'appelle le liquide encéphalorachidien. Mais chez Soley, il y a une boule qui bloque le liquide, ce qui cause une pression dans sa tête. C'est pour cela qu'elle pleure et qu'elle vomit en jet. Elle a besoin d'une opération d'urgence pour libérer ce liquide. Ensuite, il faudra aussi prélever un petit bout de cette boule pour savoir ce que c'est. »

Nous restons pétrifiés pendant plusieurs secondes. Je réussis juste à demander : « Vous allez en prélever un morceau pour voir si c'est cancéreux ? » Elle acquiesce doucement et ça y est, je m'effondre. Incapable de continuer à porter Soley, je la passe à Hadj et je me mets à pleurer incontrôlablement. Je vois bien que la neurologue est désolée, qu'elle est vraiment triste pour nous, qu'elle fait tout pour qu'on ne panique pas. J'entends encore des bribes de phrases — « Il faut attendre l'opération pour en savoir plus, le chirurgien est très doué » — et Hadj qui pose quelques questions sur le déroulement de l'opération. Il me semble que Soley est toujours endormie dans ses bras, mais peut-être pas. Je n'écoute plus vraiment ce qui se dit, j'ai envie de m'enfuir en courant, de nous arracher à cet instant, à cette histoire, de rentrer à la maison, d'emporter notre fille loin d'ici.

Je sors pour téléphoner à nos parents, qui savent que nous sommes à l'hôpital. Je leur dis que ce n'est pas du tout ce que nous croyions, que c'est grave, peut-être même très grave, que Soley doit être opérée dès demain matin. En retournant vers l'hôpital, je croise une maman qui sort des urgences. Je la reconnais, nous étions assises côte à côte dans la salle d'attente quelques heures plus tôt. Elle porte son enfant endormi dans les bras et elle me sourit en passant la porte. Je l'imagine rentrer chez elle, retrouver sa famille, reprendre sa vie normale. Peut-être qu'elle aussi va passer quelques coups de fil dans sa voiture, « C'est moi, écoute, je suis soulagée, c'est bon, le petit ça va, j'ai paniqué pour rien, non, ils m'ont donné une ordonnance, là, je quitte l'hôpital, à tout de suite, je t'aime ». Je la regarde s'éloigner. Cette maman, ça aurait pu être moi. Ça aurait dû être moi. Le portable dans la main, dos au mur, je comprends déjà ce que je ne sais pas encore. Pour nous, la vie ne sera plus jamais normale. Nous avons basculé de l'autre côté. La frontière est presque physique entre le parking de l'hôpital et la salle d'attente, comme une ligne de signalisation routière tracée à la peinture jaune, une belle ligne continue. Pas de franchissement, pas de dépassement. D'un côté, la vie normale. De l'autre, le monde du cancer. Pour la première fois de mon existence, je suis du mauvais côté de la ligne, et mon deuil commence cette nuit-là.

*

Lorsque je retourne dans la chambre, Soley est toujours agitée. Les courtes périodes de sommeil sont entrecoupées de crises de larmes, durant lesquelles elle semble beaucoup souffrir. Je m'empresse de la mettre au sein, pour la calmer mais aussi pour me rassurer, pour la garder au plus près de moi, parce que j'ai très peur et que je me sens très mal. Je m'en veux d'avoir attendu toute la journée avant de l'avoir emmenée aux urgences, je me flagelle de ne pas l'avoir prise dans mes bras quand elle s'est réveillée la nuit dernière. J'imagine sa douleur, la pression dans sa tête. Je revis ces vingt-quatre dernières heures presque minute par minute, le temps perdu jusqu'à son diagnostic. Diagnostic, du grec *diagnostikos*, capable de discerner. Et moi, justement, je n'ai rien vu, je suis passée à côté, j'ai été incapable de discerner. Je me déteste. Plus tard, on nous dira que nous sommes venus très vite, que la plupart des cancers pédiatriques sont diagnostiqués des semaines, parfois des mois après les premiers symptômes. Je rencontrerais des parents qui me raconteront les erreurs de diagnostic, les allers-retours aux urgences, les médecins qui disent que c'est psychologique ou qui parlent de douleur de croissance, les imageries qui ne sont pas faites à temps. Mais à ce moment-là, j'ai l'impression d'avoir abandonné ma fille. Je m'en veux tellement, et je me promets que ça n'arrivera plus jamais.

Soley souffre de plus en plus, on lui donne une sédation et on nous transfère dans une chambre à l'étage. Hadj aperçoit le mot « tumeur » sur le dossier que les infirmières ont laissé dans la chambre et ça nous fait l'effet d'une gifle. Je ne sais plus lequel d'entre nous dit: tumeur, ça ne veut pas forcément dire cancer. Nous parlons un peu, mais il n'y a pas grand-chose à dire. Les heures passent lentement. Les infirmières nous apportent des biscuits, et l'une d'elles en profite pour me glisser : « C'est terrible ce qui vous arrive, mais si ça devait être mon fils à la place de votre fille, je voudrais que ce soit ce chirurgien-là qui l'opère, il est très bon, il est très réputé ». Je ne connais pas cette infirmière et je ne la reverrai jamais. Peut-être qu'elle dit ça à tout le monde, et de tous les docteurs, mais ça marche, ça me rassure un peu. Je me dis qu'elle a raison, que notre bébé est toujours là, que maintenant, il faut aller de l'avant et prendre cette épreuve étape par étape. Prochaine étape, l'opération. Je repense au discours de la neurologue, pour l'instant, on ne sait pas ce que c'est que cette boule, si ça se trouve, c'est une tumeur bénigne, si ça se trouve c'est un cancer qui se soigne bien. On ne sait pas. Nous attendons que le jour se lève, que le neurochirurgien arrive, que notre bébé de trois mois se fasse opérer d'une tumeur cérébrale.

Le chirurgien arrive enfin vers neuf heures. Il est d'origine argentine, parle avec un accent espagnol assez prononcé, et bêtement, cela nous inquiète, sursaut inconscient de xénophobie dans la tempête. Il ne reste que quelques minutes dans la chambre, jette un œil sur Soley, et ne nous explique pas grand-chose, seulement qu'il va mettre un drain pour permettre au liquide céphalorachidien de s'écouler. Je demande : « Quand ? », il répond : « Maintenant ». Les infirmières vont venir la préparer, ensuite, on prendra une ambulance pour rejoindre un autre bâtiment car il va l'opérer dans un bloc de l'hôpital des adultes. Je le regarde. L'idée qu'il va ouvrir le crâne de ma fille me terrifie, mais nous avons bien compris qu'il n'y a pas le choix, qu'il faut opérer rapidement pour soulager Soley. Je lui demande si elle risque de mourir, trois mots tombent : « Pas cette fois. » Mais dans quelques jours, il faudra retourner au bloc pour une deuxième opération, afin de retirer le plus gros morceau possible de la tumeur. Il ne développe pas, mais je comprends que cette deuxième opération sera plus risquée. Je me répète intérieurement ces mots qui deviendront un mantra, « pas cette fois ». Une partie de moi a envie de s'écrouler sur le sol, mais je m'accroche : étape par étape, aujourd'hui, c'est la pose du drain et ça va bien se passer. Bien sûr, je suis en larmes.

Nous montons dans l'ambulance. Je suis assise sur le brancard, Soley dans mes bras, Hadj à côté du conducteur. Nous arrivons devant le bâtiment de neurochirurgie adulte, et nous traversons les couloirs comme ça, toutes les deux sur le brancard, Hadj qui marche à côté. On m'emmène dans un vestiaire, on me donne une blouse et des surchaussures. « Vous pourrez l'emmener jusqu'au bloc, ensuite, on l'endormira et vous irez rejoindre votre mari, d'accord ? » Je hoche la tête. Nous entrons dans la pièce et je pose tout doucement Soley sur la table d'opération. L'anesthésiste la prend par le cou et plaque un masque sur son visage. Elle se débat. En sortant, j'implore l'infirmière qui me raccompagne, je la supplie de faire très attention. Je voudrais avoir le temps d'en dire plus, de lui expliquer. Qu'elle comprenne que Soley est un bébé spécial, notre fille unique, que nous l'aimons plus que tout, que nous n'avons qu'elle, qu'elle est toute notre vie, que nous venons juste d'apprendre pour sa tumeur au cerveau, que tout est suspendu à un fil et que ce fil, elle le tient entre ses mains. Je sais déjà qu'aux yeux du monde, Soley n'est qu'un bébé parmi des milliers d'autres. Mais à nos yeux, elle est le monde entier. Elle me répond : « Nous faisons toujours très attention » et referme la porte derrière moi.

On nous dit que ça ne sert à rien de tourner en rond pendant l'opération alors nous rentrons rapidement à la maison pour prendre une douche et manger quelque chose. Je suis en mode pilote automatique, j'essaie de ne pas penser. Quand nous revenons à Purpan, nous retrouvons ma famille sur le parking. Nous leur racontons ce que nous savons, pas grand-chose en fait, et nous les laissons dans la salle d'attente pour redescendre au niveau des blocs. Assez rapidement, on nous fait entrer en salle de réveil. Soley est ensommeillée mais se réveille doucement. L'anesthésiste passe, il note quelque chose sur un papier, ressort. Nous restons seuls dans la pièce avec les infirmières. Je caresse Soley et je l'embrasse, je me répète : la pose du drain s'est bien passée, première étape, première victoire. La pression retombe un moment, un très court moment seulement. Car soudain, le visage de Soley semble changer, j'ai l'impression qu'il se met à gonfler. J'appelle anxieusement les infirmières, je leur dis que quelque chose ne va pas. Elles se pressent autour du lit, effectivement, quelque chose ne va pas. Elles échangent quelques mots, je comprends qu'elles veulent injecter un produit mais qu'elles ne sont pas d'accord entre elles sur le dosage, elles calculent à voix haute, c'est horrible, j'ai l'impression que ça prend des heures, le visage de Soley continue de gonfler, je gémis : « Faites quelque chose ! » On nous fait sortir de la pièce. Je ne sais pas combien de temps exactement nous restons à attendre devant le bloc. Paniquée, je colle mon oreille à la porte en espérant entendre quelque chose. Les idées tournent dans ma tête, est-ce que ma fille est en train de mourir de l'autre côté de cette porte ? Est-ce que c'était la dernière fois que je la voyais en vie ? Quand une autre infirmière passe devant nous pour rentrer dans les blocs, je la supplie d'aller voir en salle de réveil comment va notre fille. Elle repasse rapidement la porte pour nous rassurer : Soley a fait une réaction allergique, il a fallu la réintuber, mais elle est stable maintenant. Elle va être transférée en réanimation à l'hôpital des enfants, nous pouvons aller l'attendre là-bas mais il ne sera pas possible de la voir immédiatement.

Nous quittons le bâtiment de chirurgie adulte, je m'arrête à la maternité en face de l'hôpital pédiatrique. Je raconte notre histoire à la première personne que j'arrive à arrêter, une infirmière, une sage-femme peut-être ? Notre bébé de trois mois qui vient d'être diagnostiqué, l'opération en urgence, l'allaitement, mes seins gonflés. On me prête un tire-lait. Ne sachant qu'en faire, je jette le lait que je viens d'exprimer avant de rejoindre Hadj en réanimation. Les heures passent encore. Je piaffe d'impatience dans la salle d'attente. J'ai pris la chaise la plus proche du couloir, mais je ne tiens pas assise, je passe constamment la tête par la porte pour interpeller les infirmières. On me répète toujours la même chose : Soley est en train d'être installée, on viendra nous chercher quand ce sera fini. Mes yeux finissent par se poser sur une feuille épinglée près de la porte, qui détaille brièvement les règles du service de réanimation néonatale : les visites ne sont autorisées qu'aux seuls parents, et il est de toute façon interdit d'y passer la nuit. Je relis la consigne. Depuis la naissance de Soley, nous n'avons jamais été séparées plus de quelques heures. Passer une nuit sans elle me semble physiquement impossible. À ce moment-là, je pense encore qu'ils font forcément des exceptions pour les bébés allaités.

Une infirmière nous appelle enfin. Soley est au box 23, tout au bout du couloir. Il faut se laver les mains, mettre un masque et une charlotte, passer une blouse. Elle est allongée dans un berceau en plexiglas, un tube dans chaque narine, des moniteurs cardiaques sur la poitrine, les poignets sanglés de chaque côté du lit. Deux perfusions, au pied et à la main droite, le tensiomètre qui recouvre son autre jambe. Elle est endormie, sa petite langue passée entre les lèvres d'une manière étrange. Nous ne pouvons pas la prendre dans nos bras, à peine la toucher. La chaleur dans la pièce me paraît suffocante. Très vite, j'étouffe, j'ai besoin de sortir. Bien sûr, à l'instant où je quitte le box, je me sens coupable et je voudrais retourner près d'elle.

Pour la première fois de notre vie ce soir-là, nous rentrons à la maison sans elle. Le vide est si grand que nous plaçons dans son berceau un de ses doudous, un poupon mou à l'air surpris qui sent trop fort la vanille. « Ne t'habitue pas trop, lance Hadj à la poupée, c'est temporaire. »

*

À la veille de la seconde opération, nous attendons le neurochirurgien avec une interne. À un moment, me parlant de Soley, elle dit : « Vous savez, il vaut mieux que ça arrive maintenant ». Les larmes aux yeux, je réponds que non, qu'on l'aime déjà plus que tout. Elle s'excuse, bafouille que ce n'est pas ce qu'elle voulait dire, explique quelque chose sur la capacité du cerveau des bébés à récupérer quand le docteur arrive. Il opérera Soley tôt demain matin, dans le bâtiment de neurochirurgie adulte, comme la dernière fois. Il nous explique que la chirurgie est plus compliquée que la précédente, et qu'il est possible que Soley n'y survive pas. Il ne donne pas de pronostic mais quand Hadj demande : « Une chance sur deux ? », il acquiesce. Je fonds en larmes. Peut-être parce qu'elle m'entend, Soley se met à pleurer aussi. Le chirurgien lâche d'un air embarrassé « Ah, moi, je fais toujours pleurer les femmes » et les deux soignants quittent rapidement la pièce. Nous nous regardons, interloqués. Heureusement ce soir-là, je reconnais la voix de la pédiatre des urgences dans le couloir. Il est tard, elle s'apprête à rentrer chez elle, mais elle prend quand même le temps de nous parler de l'opération et de répondre à nos questions. Elle nous dit que même si la chirurgie est risquée, elle ne pense pas que Soley va mourir. Elle nous répète encore une fois que le chirurgien est très doué. Nous reprenons un peu confiance.

Soley doit être transférée au bloc à six heures du matin alors je ne veux pas rentrer à la maison cette nuit-là. Comme nous habitons à Toulouse, nous n'avons pas le droit à une chambre à la Maison des

Parents, réservée aux familles qui vivent loin de l'hôpital. Une infirmière nous dit qu'exceptionnellement, nous pourrons passer la nuit dans la salle de réunion, où se trouve un canapé-lit. Mais en allant nous installer, nous y croisons un autre couple de jeunes parents qui ont pris l'habitude de dormir là. Je leur dis que notre fille part au bloc très tôt demain matin. Ils me rétorquent que la leur est très malade. Et la mienne ? ai-je envie de crier. Ma fille est très malade ! Ma fille à une tumeur au cerveau ! On pourrait se lancer dans un débat pour savoir lequel de nos bébés est le plus malade, mais nous battons en retraite pour nous réfugier dans la salle d'attente. Hadj s'allonge sur les fauteuils et parvient à s'endormir sur les chaises. Je passe la nuit à lire un livre que j'avais emprunté à la bibliothèque juste avant que notre vie s'écroule : l'histoire d'un couple de jeunes mariés qui se tuent en voiture juste après la cérémonie, et la façon dont leurs familles survivent après l'accident. Toutes les demi-heures environ, je pose le livre, je marche jusqu'au box de Soley, je passe le rituel blouse-gants-masque stériles et je la regarde. Au bout d'un moment, une infirmière me dit qu'il faut que j'arrête de faire ça, que mes allers-retours réveillent Soley et qu'elle a besoin de repos. Alors au lieu d'aller dans sa chambre, je la regarde par la fenêtre du couloir, entre les stores. Je pleure, je lis un chapitre, je me remets à pleurer, je regarde Soley qui dort dans son berceau de plexiglas, je pleure, je reprends le livre. Et toute la nuit, je compte les heures en pensant qu'il lui reste six heures à vivre, puis cinq, puis quatre, trois, deux, une. Dans notre guerre mondiale familiale, ces quelques heures resteront pour moi comme la nuit la plus longue.

À l'aube, l'infirmière vient nous chercher dans la salle d'attente. Elle nous montre comment laver Soley à la bétadine, et entre mes larmes, je lui chante à mi-voix sa berceuse russe : « N'aie pas peur du vent qui gronde, ni des chiens errants dans l'ombre. Mille étoiles vont briller, mille étoiles pour te bercer… » Cette fois encore, je la porte jusque dans la salle d'opération. Sur le pas de la porte, l'infirmière demande à Hadj d'embrasser Soley une dernière fois. Elle voulait dire « une dernière fois avant l'opération », mais nous nous effondrons. Une bénévole de l'hôpital nous emmène dans une salle d'attente vide pour que nous patientions jusqu'à la fin de l'opération. On nous donne du café et des gâteaux, mais épuisée par ma nuit blanche, je m'endors très vite. Quand je me réveille, plusieurs heures déjà sont passées. Hadj est très inquiet, le sommeil qui m'a protégée l'a forcé à traverser seul ces heures d'angoisse. Je me dis que c'est bon signe, car on nous a prévenus que si la tumeur saignait trop, la chirurgie devrait être interrompue rapidement pour éviter l'hémorragie. La bénévole qui s'occupe de nous demande aux infirmières d'appeler le bloc, on nous confirme que le chirurgien est toujours en train d'opérer. Enfin, il passe le seuil de la porte. Il nous dit que ça s'est bien passé, qu'il pense avoir retiré au moins un tiers de la tumeur, que ça n'a pas beaucoup saigné. J'ai envie de sauter de joie. Nous sommes si heureux que nous ne pensons même pas à le remercier. D'ailleurs, il est pressé, il doit retourner au bloc. J'imagine qu'un nouvel enfant l'attend, que chaque jour, il ouvre la tête d'un tout-petit, qu'à chaque fois, des familles entières sont suspendues à ses gestes. Dans notre esprit, il devient une sorte de héros un peu mythique, « l'homme qui ouvrait la tête des enfants ». Et qui les sort du bloc vivants.

Soley retourne en réanimation pour se remettre de cette seconde opération. Elle y passera encore une semaine. Certaines journées sont terribles, avec des pics de fièvre très élevés. On nous explique qu'elle a attrapé une infection au bloc. On suspecte une méningite, puis finalement non, puis de nouveau oui. Parfois, nous la trouvons tremblante de douleur sur son matelas glacé, poings serrés et petits pieds recroquevillés comme des griffes. Hadj, traumatisé de la voir ainsi, prend sur lui de monter la température du matelas et les infirmières nous passent un savon : il faut impérativement faire tomber la température. Un jeune médecin aux yeux injectés de sang coud un cathéter dans la cuisse de Soley et pour une raison que je ne m'explique pas, cela me semble être l'apothéose de l'horreur. Nous allons la voir à l'hôpital tous les jours, généralement en fin de matinée. Un matin sur le trajet, alors que les gouttes s'écrasent sur le pare-brise, j'invente une comptine idiote : *Ma petite So-so-so-soley, y a de la pluie-pluie-pluie-pluie, faut que tu te ré-ré-ré-réveilles, sinon il pleut-pleut-pleut-pleut.* Je répète ces mots en pleurant comme un disque rayé. J'ai l'impression que mes larmes coulent presque en continu ces jours-ci. Quand nous arrivons à l'hôpital, c'est toujours tout un rituel pour voir Soley. Il faut sonner à l'interphone, mettre nos affaires dans un casier, attendre dans la salle d'attente. Sur le fauteuil à côté du mien, un père s'agite. Il se tord les mains d'inquiétude. Sa femme, qui a accouché la veille, le rejoint en chaise roulante poussée par un brancardier. Leur bébé est né un mois trop tôt, il doit passer quelques jours en réanimation pour vérifier que tout va bien. Je les déteste silencieusement. Les pauvres, comme s'ils y pouvaient quelque chose d'être moins malheureux que nous.

Quand on arrive enfin dans le box de Soley, nous lui parlons, nous l'embrassons, nous la prenons dans nos bras. Elle est rapidement capable de se remettre à téter. Nous vérifions aussi le compte-rendu des bilans qui sont effectués toutes les heures : sa température, son rythme cardiaque, son évaluation de douleur, son poids. « C'est un gros bébé », me dit une infirmière en souriant. Ce n'est pas tout à fait vrai, à trois mois, Soley est exactement dans sa courbe de poids. Mais c'est sûr qu'elle fait figure de géante au milieu des prématurés de la réa néonatale. Ils me font un peu peur quand je passe devant leur box pour arriver jusqu'à celui de ma fille, intouchables derrière leur couveuse en plastique, fragiles et décharnés. Je continue de tirer mon lait pour Soley, et je suis impressionnée de voir leurs mamans en faire autant. Je me souviens de mon allaitement difficile les premières semaines, et je me demande si j'aurais eu comme elles la force de m'obstiner si mon bébé avait été malade. À côté de la salle d'attente se trouve une petite pièce qui fait office de biberonnerie, où on stocke les deux tire-laits du service et les biberons de laits maternels. Mes grands biberons de 120 ml trônent au milieu des autres, presque complètement vides. Alors que j'en dépose dans le frigo, une autre maman me demande ma méthode pour avoir autant de lait; je m'apprête à répondre maladroitement: « Rien, c'est juste que j'ai un vrai bébé », me reprends juste à temps.

Nous quittons l'hôpital tard le soir. L'appartement semble toujours si vide sans elle. Nous plaçons la poupée dans le berceau, Hadj se couche tôt et je passe des heures sur l'ordinateur à lire des faits divers en avalant des quantités industrielles de crème glacée. On vient de découvrir un bébé fiévreux et déshydraté dans un coffre de voiture en Dordogne, une petite fille dissimulée par sa mère depuis sa naissance, privée de soins et d'amour. Avec une sorte d'obsession morbide, je lis tous les articles que je peux trouver sur l'affaire. Un mois plus tard, ce sera l'histoire de la petite fille abandonnée sur la plage de Berck et noyée par la marée qui me fera mes nuits. J'essaie de comprendre. Je n'y arrive pas. Je passe aussi beaucoup de temps sur les sites médicaux, à essayer de deviner le cancer de Soley par rapport à sa localisation. Je découvre qu'il y a des bonnes et des mauvaises tumeurs cérébrales, je pleure devant les pronostics de survie et la liste terrifiante des séquelles. Vers deux ou trois heures du matin, j'appelle le service de réanimation pour prendre des nouvelles de Soley, puis j'essaie de dormir pour affronter une nouvelle journée.

*

Après dix jours, Soley s'est tellement bien remise de ses opérations qu'elle peut quitter le service de réanimation. Les bilans neurologiques sont bons, elle reprend le sein. Elle est donc transférée « en chambre », dans un service d'hospitalisation conventionnel et non en oncologie. La pièce est grande, avec deux fenêtres : une qui donne sur le tramway, l'autre constamment obscurcie par un volet cassé. Nous avons notre propre douche et, à côté de son lit d'hôpital, il y a un petit lit d'appoint pour qu'on puisse dormir avec elle. Désormais, nous n'avons plus besoin d'abandonner Soley à l'hôpital le soir, et plus jamais elle ne passera une nuit seule. Nous pouvons recevoir les visites qui nous étaient interdites en réa, où nos familles étaient obligées de se coller à la fenêtre du couloir pour essayer d'apercevoir Soley entre les stores entrebâillés. Nous ne pouvons toujours pas sortir mais nous chantons, nous lui faisons de longs câlins, nous prenons beaucoup de photos et de vidéos. Les clowns de l'hôpital, sur le seuil de la chambre, viennent jouer une chanson de Thomas Fersen ; ma sœur improvise un spectacle avec sa marionnette en peluche : *Rat, rat, ratatouille. Fais des bisous sur ta bouille.* Soley sourit, j'ai l'impression de retrouver mon bébé.

Même si les règles sont très assouplies par rapport au service de réanimation, elles restent pesantes. Je m'agace qu'on me force à remonter la barrière du lit de ma fille quand elle dort, qu'on jette mon lait maternel après une certaine durée sous prétexte que c'est le protocole, qu'on réveille Soley pour la visite médicale au moment de sa sieste. Je m'énerve quand les machines qui contrôlent sa pression ou son rythme cardiaque se dérèglent et sonnent par erreur toutes les minutes, mais qu'on m'interdit de les débrancher. Je bouillonne quand on me dit de ne pas lui donner le sein après six heures du matin sous prétexte qu'elle doit être anesthésiée en fin de matinée, et qu'elle passe finalement une journée entière sans manger car il y a eu du retard au bloc. Mais je ne dis rien et je me plie aux règles, trop contente qu'on me laisse rester avec mon bébé. Si c'est toujours la guerre, on a quand même l'impression d'avoir été replié sur la tranchée de réserve.

L'imagerie post-opératoire montre que l'opération s'est encore mieux passée que prévu, près de la moitié de la tumeur a pu être retirée. Il faut maintenant identifier le type de cancer de Soley. Quand je demande aux médecins s'ils ont déjà des pistes, s'ils hésitent entre plusieurs cancers possibles, on me répond que ça ne sert à rien de chercher à deviner. Inutile de nous inquiéter par avance ou au contraire de nous faire des illusions, il faut attendre « l'anapath », l'anatomopathologie, c'est-à-dire l'analyse du morceau de tumeur qui a été prélevé. Et pourtant, j'ai l'impression qu'on nous cache quelque chose, ou du moins qu'on ne nous dit pas tout. Je profite du transfert de Soley dans le nouveau service pour la jouer au bluff. À la fin de sa visite quotidienne, alors qu'il est presque sur le pas de la porte, je questionne le nouvel interne : est-ce que, « comme on nous l'a dit en réa », l'équipe hésite toujours entre deux cancers ? Il tombe dans le panneau, répond que oui, a priori on est toujours sur les mêmes hypothèses. « Ce serait soit un ATRT, soit un carcinome des plexus choroïdes ».

En même temps que cette révélation, nous apprenons que la grand-mère d'Hadj vient de décéder. Elle était malade, mais on nous avait caché l'aggravation de son état de santé depuis l'annonce du cancer du Soley. Nous étions allés la voir quelques mois plus tôt dans sa maison de repos et nous lui avions montré les échographies, mais elle n'a pas eu le temps de connaître son arrière-petite-fille. Hadj fait l'aller-retour à Paris pour se rendre à son enterrement. Pendant le trajet, il continue de se renseigner sur Internet, et m'écrit : « Prions pour que ce soit autre chose que l'ATRT, car le pronostic est très mauvais. » À mon tour, je tape le nom de la maladie sur le moteur de recherche, tombe sur une fiche descriptive : « La tumeur tératoïde rhabdoïde atypique cérébrale est l'une des tumeurs intracrâniennes les plus agressives de l'enfant, caractérisée par une évolution péjorative et rapidement mortelle pour laquelle un protocole thérapeutique efficace n'a pas encore été bien décrit. » Je clique sur le PowerPoint, passe les pages une par une :

ÉPIDÉMIOLOGIE

¢ Elles représenteraient 2 à 3 % des tumeurs cérébrales pédiatriques.

¢ Sous-estimée du fait de la confusion avec d'autres tumeurs embryonnaires de haut grade telles que les médulloblastomes, les Tumeurs Primitives NeurEctodermiques (PNET) et les carcinomes des plexus choroïdes.

¢ Incidence exacte inconnue, mais elles pourraient représenter 50 % des cas de tumeurs cérébrales malignes avant l'âge de 1 an.

¢ Recommandations aux pathologistes afin d'éliminer systématiquement une AT/RT devant une tumeur cérébrale de l'enfant de moins de 3 ans.

TRAITEMENT : CHIRURGIE

¢ Exérèse chirurgicale complète souvent difficile mais facteur pronostic important.

¢ « Second look » « third look ».

TRAITEMENT : RADIOTHÉRAPIE

¢ Intérêt de l'irradiation craniospinale non démontrée en cas de tumeur localisée alors que la radiothérapie focale semble montrer un gain de survie globale.

¢ Si métastatique : encéphale + axe craniospinal.

¢ Délai court après la chirurgie.

¢ Risque de séquelles surtout < 3 ans.

TRAITEMENT : CHIMIOTHÉRAPIE

¢ Pas de consensus, peu d'étude, par analogie avec les autres tumeurs cérébrales.

¢ Chimiothérapie intrathécale : cas de survie prolongée après CT intrathécale triple (MTX, cytarabine, hydrocortisone). Risque de neurotoxicité.

¢ Chimiothérapie haute dose avec autogreffe de cellules souches : quelques survivants mais pas d'études prospectives et petites cohortes.

CONCLUSION

¢ Tumeur rare de mauvais pronostic avec récidives cérébrales et spinales.

¢ Recherche de l'inactivation de INI1 pour toutes les tumeurs du système nerveux central chez le jeune enfant.

¢ Efficacité prouvée de la chirurgie et radiothérapie (irradiation craniospinale ?).

¢ Pas de consensus sur les protocoles de chimiothérapie ni sur les séquences thérapeutiques.

¢ Traitements toxiques.

¢ Essais cliniques : thérapies ciblées ?

PRONOSTIC

¢ Mauvais. Médiane de survie de 6 à 11 mois.

¢ Le pronostic serait plus défavorable avant 3 ans.

¢ Aucun traitement standard.

*

J'ai peur, j'ai tellement peur. Déjà avant le cancer, j'avais peur, et je me levais la nuit pour vérifier que Soley respirait bien dans son berceau, mais c'était facile de négocier avec ma peur quand il n'y avait aucune raison valable de s'inquiéter. Maintenant, la peur me rattrape après chaque instant d'oubli. La peur acide qui me retourne l'estomac dans les nuits qui précèdent ses opérations. La peur qu'elle meure sur la table. La peur qu'elle se réveille handicapée. La peur qu'elle se sente abandonnée si je ne suis pas à ses côtés. La peur quand on me fait sortir dans le couloir pour lui faire une ponction lombaire et que je l'entends crier derrière la porte. La peur qu'elle s'arrache l'aiguille cousue dans sa jambe. La peur que sa fièvre monte. La peur que sa tumeur saigne. La peur qu'elle convulse. La peur chaque fois que son monitoring sonne. La peur qu'elle fasse un œdème. La peur qu'elle s'arrête de respirer. Maintenant, j'ai toutes les raisons d'avoir peur, d'avoir toutes les peurs, d'avoir tout le temps peur. La mort de Soley n'est plus une menace plus ou moins imaginaire, c'est une réalité qui nous regarde en face à chaque instant.

Un peu plus loin dans le couloir, il y a une autre petite fille du même âge que Soley. Son nom est marqué sur sa porte : Anastasia. Elle est souvent installée dans un petit hamac accroché aux barrières de son lit, entourée de mobiles aux couleurs vives. Elle est toujours toute seule. D'ailleurs, c'est la seule chambre dont les infirmières laissent la porte ouverte et la télé allumée en permanence. Quand je passe dans le couloir, elle tourne la tête vers moi. Ce bébé solitaire m'intrigue. Après plusieurs jours, je croise enfin, par hasard, sa mère et sa grand-mère venues signer les papiers administratifs habituels avant chaque opération. Je les aborde et je pose quelques questions. Il n'en faut pas beaucoup pour que la maman me raconte son histoire. C'est du Zola : Anastasia a une malformation cardiaque, la maman a déjà perdu une petite fille atteinte de la même maladie, et il lui reste trois enfants, dont un grand garçon handicapé ; les médecins ayant annoncé qu'Anastasia ne grandirait pas, elle a décidé de ne pas s'y attacher. Le lendemain, la petite part au bloc avant d'être transférée dans un autre service, et je ne la reverrais plus jamais. Mais son histoire me hante, sans que je sache pourquoi. Peut-être parce que pour la première fois, je rencontre un bébé qui me semble (à tort ou à raison) aller plus mal que le mien. Ou peut-être aussi parce que moi non plus, personne ne m'a jamais appris à élever un enfant qui ne guérira pas.

*

Jusque-là, les médecins venaient nous parler dans la chambre, mais aujourd'hui, on vient nous chercher pour nous conduire dans une petite salle à l'écart. Pour la première fois, mais pas pour la dernière, je remonte le couloir la peur au ventre, comme un animal qu'on conduit à l'abattoir. Dans le couloir, un infirmier croise mon regard et me sourit. Naïvement, je me dis qu'il essaie de me rassurer, de me faire discrètement comprendre que les nouvelles sont bonnes. Nous entrons dans un bureau, Hadj et moi d'un côté, et tous les autres en face : l'oncologue, la neurologue des urgences, l'infirmier et une autre femme qui se présente comme la cadre de santé et dont je ne comprendrai que bien plus tard qu'elle est une sorte de chef des infirmières. L'oncologue nous annonce très vite le résultat de l'anapath : le cancer de Soley est bien un ATRT. Je fonds en larmes. On nous donne quelques chiffres que nous connaissons déjà par nos recherches sur Internet, 10 % de survie pour les enfants de moins de trois ans, un protocole très long et difficile de chimiothérapie, une greffe de moelle osseuse, et plus tard, de la radiothérapie, si Soley survit jusque-là. Je demande quels effets auront tous ces traitements sur son développement. L'oncologue répond un peu à côté, elle nous dit qu'effectivement, le traitement affecte les acquisitions, mais que chaque enfant est différent, qu'elle ne peut pas nous dire à l'avance comment sera Soley. J'ai l'impression qu'elle cherche à éviter la question, mais je comprends que si elle survit, elle sera handicapée, probablement lourdement. La neurologue intervient pour nous dire que les enfants handicapés peuvent être très heureux et c'est une chose qu'à cet instant-là je suis incapable d'entendre. Pour Soley, notre princesse, notre premier bébé, notre petite fille si éveillée, si curieuse, si prometteuse, nous avions rêvé d'un avenir brillant, d'un destin extraordinaire. Et elle est si petite, le traitement me semble trop lourd pour un bébé de quelques mois, et avec la quasi-certitude que tout cela ne servira à rien. Je n'ai même plus envie de continuer à en parler. Mais l'oncologue nous dit que nous devons prendre le temps d'y réfléchir, que de toute façon, Soley est trop jeune pour recevoir une vraie chimiothérapie. Elle nous propose de commencer un traitement par velbé (nous comprenons VLB et pensons qu'il s'agit d'un acronyme), un type de chimiothérapie très légère. On nous dit que le traitement ne rendra pas Soley malade, qu'elle ne perdra pas ses cheveux, que nous pouvons même rentrer à la maison puisque Soley sera suivie en hôpital de jour. Nous hochons la tête. Le compte-rendu de l'hôpital ne portera pas mention de l'âge de Soley dans l'adaptation du traitement mais indiquera que « la décision de mise en place du velbé a été en partie conditionnée par l'état infectieux de Soley au moment de la décision ». Ni Hadj ni moi n'avons souvenir que cet élément nous ait été expliqué. De même, contrairement à ce qui est noté, aucun « plan personnalisé de soin avec les grandes lignes du traitement » ne nous sera jamais remis.

Une nouvelle opération est prévue pour externaliser le drain de Soley, le tube qui avait été inséré lors de la première opération à travers son crâne pour permettre au liquide céphalorachidien de s'écouler du cerveau. L'excès de liquide sort maintenant dans une poche au niveau de son abdomen. Une semaine plus tard, elle commence la chimiothérapie légère. Petit à petit, je commence à m'habituer au monde de l'hôpital et à m'impliquer davantage. Un jour, j'arrête l'infirmière qui s'apprête à donner un médicament à Soley, car il me semble que la couleur n'est pas la même que d'habitude: il s'avère que c'était celui de la petite fille de la chambre d'à côté. Lorsqu'on nous prévient que Soley devra aller deux fois au bloc en quarante-huit heures (une fois pour retirer le drain et l'autre pour lui poser un cathéter), c'est moi qui fais le lien et insiste pour que les deux chirurgies aient lieu en même temps afin de lui épargner une anesthésie supplémentaire. Nous commençons à vérifier chacun des médicaments de Soley, à recalculer ses poches de chimio, à comparer les différents protocoles. Avec ma sœur, nous passons des heures à remplir des tableaux avec le nom des médicaments, l'ordre des prises, les dosages. Après beaucoup de recherches sur Internet, je trouve sur Facebook un groupe anglophone de familles dont les enfants ont le même cancer que Soley : je découvre des parents très éduqués sur la maladie, et aussi qu'aux États-Unis les familles sont beaucoup plus impliquées qu'en France dans les décisions médicales. Petit à petit, je me pose de plus en plus de questions, mais les réponses ne suivent pas. Nos relations avec les soignants sont de plus en plus difficiles, un mariage de raison qui s'étiole en guerre larvée. Un matin, les infirmières qui posent les poches à ma fille parlent de « chimio de confort » et mon cœur manque un battement. Le lendemain, un neurologue entre dans la chambre avec sa cour d'internes et d'externes, et une discussion sur la date de la prochaine IRM tourne à l'affrontement. J'ai un mal fou à obtenir le dossier médical de Soley. Quand je le récupère, je note un décalage entre les comptes-rendus et ce dont nous nous souvenons, je souligne tous les mots que nous ne comprenons pas pour en chercher la signification. Au fil des jours, je me sens de plus en plus forte, compétente, assurée. Et ma confiance envers l'équipe médicale disparaît par lambeaux, comme on arrache du papier peint.

Soley retourne de nouveau au bloc pour une dernière opération bénigne. Ou plutôt deux opérations, puisque j'ai réussi à convaincre les médecins de profiter de son sommeil pour retirer le drain et poser le cathéter, un tube introduit dans une voie veineuse qu'on appelle un Broviac. Comme on nous dit que l'intervention sera longue, et que les meilleurs amis d'Hadj sont venus nous voir de Paris, nous décidons de rentrer chez nous pour passer un moment avec eux. Ma maman reste à l'hôpital pour nous tenir au courant de la situation. Je connais peu les amis d'Hadj, pourtant ces quelques heures se révèlent être une véritable bouffée d'oxygène. Des choses si simples : discuter, rire, boire un verre de vin, ne serait-ce que sortir de l'hôpital, je n'avais pas réalisé à quel point j'en avais besoin. Depuis le diagnostic, je ne rentre presque plus chez moi. J'ai honte d'admettre que je ne suis pas pressée de retourner à Purpan, qu'au contraire, je voudrais prolonger la trêve. Nous traînons d'ailleurs un peu plus longtemps qu'il ne le faudrait, et quand nous retrouvons enfin Soley en pleurs en salle de réveil, je me sens vaguement coupable.

*

Les mamans dragons naissent sans crocs ni griffes, les yeux fermés, l'écaille fragile. C'est du bout du museau qu'elles brisent leur coquille. Quand leurs petits tombent du ciel, elles les placent entre les bras des blouses blanches, car elles n'ont pas encore d'ailes pour les porter. Les blouses blanches, elles, ont l'habitude. Des bébés abîmés, elles en voient tous les jours. Elles prennent l'enfant pour l'examiner et leurs mains ne tremblent pas. Elles l'emportent dans une ambulance silencieuse, volent d'un bâtiment à l'autre. Elles posent l'enfant sur la table. La maman dragon reste à la porte. Mais elle lève les mains vers le ciel, car il existe sur Terre des gens capables d'ouvrir la tête d'un enfant et de la recoudre, proprement, comme un revers de pantalon.

Les blouses blanches ramènent l'enfant à sa mère, vivant, mais sanglé dans un berceau de plexiglas, intubé, perfusé, les yeux clos. Les blouses blanches disent : l'enfant est stable. Mais il semble qu'au contraire, il est à la frontière de la vie, juste au bord, et seulement retenu par leurs soins constants. D'ailleurs, on ne peut pas prendre l'enfant. On peut à peine le toucher. Pour s'approcher de lui, il faut se laver les mains, mettre une blouse et un masque. Et chaque fois que la nuit tombe, il faut battre en retraite et l'abandonner aux blouses blanches.

Le temps passe. Les blouses blanches parlent peu, écoutent encore moins. Elles gagnent du terrain. L'enfant est à elles maintenant. La maman dragon piaffe en silence. Mais au loin, elle aperçoit d'autres mamans dragons, invisibles jusque-là : des dragonnes plus grandes, plus fortes, qui connaissent le nom des protocoles et les dosages des chimiothérapies. Des dragonnes que les blouses blanches écoutent. Des dragonnes qui portent elles-mêmes leurs bébés dans le ciel. Le temps passe, encore un peu. Et les ailes poussent sous les omoplates.

*

On nous donne une brochure à lire avec des informations sur l'hospitalisation à domicile, l'après-cancer et les conséquences des traitements. Je parcours ça en diagonale, en sentant bien que tout ça ne nous concerne pas. Mais où est la page qui explique pourquoi un enfant sur cinq ne guérit pas de son cancer ? Un sur deux quand on parle de tumeur au cerveau ? Sur une double page, je lis en caractère coloré : « Le retour à l'école ». Quelle école ? Quel retour ? Je me sens encore plus isolée et stigmatisée. Je commence à comprendre qu'il n'y a pas qu'un seul monde du cancer, et qu'une fois encore, nous sommes tombés du mauvais côté de la ligne. Je jette la brochure à la corbeille. J'aurais voulu lire autre chose, peut-être les mots d'une maman comme moi, même si je sais maintenant qu'aucune brochure n'aurait pu nous apporter des réponses qui n'existaient pas. Même si j'ai appris qu'un diagnostic définit beaucoup de choses, mais pas l'amour. Que dans cet ouragan, il ne nous reste qu'à aimer notre bébé chaque jour, jusqu'à ce que notre cœur explose. Que rien n'est garanti, sauf le pire. Mais que notre fille sera aussi plus forte et courageuse qu'on n'aurait jamais pu l'imaginer.

Après un peu plus d'un mois à l'hôpital, nous ramenons enfin Soley à la maison. Est-ce qu'il neige ? Le temps suspendu fait comme un cocon. En arrivant, elle jette des regards inquiets autour d'elle comme si elle ne reconnaissait pas les lieux, mais très vite, elle retrouve son lit et ses peluches. Ce retour à trois à la maison, c'est une respiration, une parenthèse de normalité dans le monde du cancer, bien que Soley ait toujours des rendez-vous à l'hôpital chaque semaine. Hadj a repris son travail et je suis le plus souvent seule avec Soley, même si ma sœur et ma maman viennent régulièrement à Toulouse pour m'aider. J'ai peur tout le temps. Et si Soley pleure, et si elle vomit, et si elle convulse, et si elle meurt ? Je me sens tellement isolée. Une nuit, paralysée par la certitude que notre fille va mourir, je réveille Hadj pour lui dire mon angoisse. Il se met en colère, me jette au visage qu'il a besoin de dormir, puisqu'il travaille, lui. Quelque chose se glace à l'intérieur de moi. Soley dort dans son berceau et à cet instant, il me semble que ce sera elle et moi contre le reste du monde.

À la fin du mois de novembre, je prends l'avion pour Paris afin d'aller rencontrer le Dr B. à l'Institut Curie. C'est l'oncologue de Purpan qui nous a proposé cette consultation afin d'avoir un deuxième avis, et le médecin canadien que j'avais contacté m'avait également aiguillée vers lui car il est à la fois oncologue et chercheur, et son laboratoire travaille spécifiquement sur l'ATRT. Mais au-delà d'informations sur le traitement, je commence à réfléchir à transférer Soley à Curie. C'est la première fois que je passe une journée entière loin de ma fille et je me sens mal, même si Hadj a pris une journée pour rester à la maison. Le docteur B. me reçoit dans son bureau. Je suis impressionnée par son calme, sa douceur, sa qualité d'écoute. C'est la première fois que j'ai le sentiment de pouvoir vraiment échanger avec un médecin. Avant la fin de l'entretien, je suis convaincue que la place de Soley est à Curie.

Soley fête ses cinq mois. On ne marquait jamais ses « moisniversaires » avant, et si elle avait été en bonne santé, ce jour serait sûrement passé inaperçu au milieu des autres. Mais ce jour-là, j'écris un statut Facebook pour l'occasion. Je ne partageais pas de photos d'elle non plus sur les réseaux sociaux avant le cancer, je ne voulais pas être cette maman ennuyeuse qui passe son temps à parler de sa gamine. Je préférais poster mes réactions politiques, sur le féminisme, sur l'égalité des droits. Autant de choses en lesquelles je crois toujours, mais c'est elle qui a donné un sens à ma vie. Rien d'autre ne m'importe désormais, rien d'autre ne compte, ni personne. Pour l'instant, elle semble toujours aller bien, elle ne reçoit pas de chimio lourde, elle n'est pas en aplasie, elle s'est bien remise de ses opérations, elle ne souffre pas. À part ses cicatrices et son cathéter Broviac, rien ne semble différent, et pourtant, tout est différent. Je ne suis plus la maman d'un bébé de cinq mois. Je suis la maman d'un bébé de cinq mois qui a le cancer. J'ai encore du mal à écrire ce mot, à réaliser, et pourtant, rien n'est comme avant. Mon monde s'est écroulé, j'ai franchi une frontière, je ne pourrai plus jamais revenir en arrière. Je ne fais plus de projets et j'ai tout le temps peur. Mais je l'aime tellement. Ses sourires, sa joie de vivre dans cette épreuve nous gardent la tête hors de l'eau.

*

À plusieurs reprises, pendant ces quelques semaines à la maison, Soley se réveille en sursaut quelques heures après son coucher, poussant des cris terrifiants et pleurant très fort. Je sens qu'elle souffre beaucoup. Parfois, elle se met même à vomir, des vomissements en jet comme le jour du diagnostic. J'appelle l'hôpital, leur explique la situation – notre bébé a une tumeur au cerveau, elle est suivie ici, qu'est-ce que je dois faire ? L'infirmière que j'ai au téléphone n'a pas l'air de s'inquiéter, elle me conseille de lui donner du Vogalène pour les vomissements. J'ai envie de fracasser le téléphone contre le mur. Ce qui m'inquiète, bien sûr, ce n'est pas qu'elle vomisse, c'est que la tumeur ait grossi. J'ai si peur que Soley soit de nouveau en hypertension intracrânienne. Nous décidons de l'emmener aux urgences au milieu de la nuit. À la jeune interne qui examine Soley, nous demandons s'il est possible d'avoir un scanner. Non. Il faut attendre l'IRM prévue. Nous n'osons pas insister. Quelques jours plus tard, nous retournons aux urgences pour les mêmes symptômes. Une fois encore, on nous renvoie chez nous sans imagerie. Je suis terrifiée, je sens dans mes os que la tumeur est revenue, que la chimio ne marche pas. Comme nous sommes à l'hôpital deux jours par semaine, je confie mes peurs au docteur qui s'occupe du bilan hebdomadaire de Soley. Elle essaie de me rassurer, sans pour autant me cacher que ces symptômes peuvent effectivement être causés par la tumeur. Quant à l'oncologue qui est censée suivre Soley, il nous semble qu'elle nous a abandonnés. En un mois, nous ne la verrons pas une seule fois en entretien. Je la croise parfois dans les couloirs de l'hôpital, et le jour où je réussis à l'arrêter et demande à lui parler, elle me répond avec humeur qu'elle sort de garde et qu'elle est fatiguée. « Arrêtez de vous préoccuper du suivi médical de Soley. Vous êtes sa maman, gardez votre rôle de maman, nous

nous occupons du reste. » Les larmes me montent aux yeux. Je ne dis rien, mais je crie à l'intérieur.

*

Le jour de l'IRM arrive enfin. Je suis seule dans la salle d'attente de l'hôpital ce matin-là. Alors que Soley est déjà partie depuis un long moment, l'anesthésiste entre et demande à me parler à l'extérieur. Mon ventre se tord. Elle me dit tout de suite que Soley n'est pas en danger, mais qu'elle a fait plusieurs arrêts respiratoires sous anesthésie et qu'il n'est pas prudent de poursuivre l'IRM. Il vaudrait mieux reprendre rendez-vous plus tard. Je suis calme, je crois, inflexible, c'est sûr. « Ma fille a une tumeur au cerveau très agressive, on ne peut absolument pas rester sans savoir comment ça a évolué. En plus, elle va être transférée à l'Institut Curie dès demain, ils ont besoin d'une imagerie récente pour orienter le traitement. » Elle me regarde, hésite quelques secondes, acquiesce. J'en profite pour vérifier avec elle que l'IRM inclut bien la colonne. Non, seul le cerveau est marqué sur le bon d'anesthésie. Je maudis l'oncologue en silence et j'explique qu'il nous faut les deux. Elle retourne auprès de Soley. J'appelle le docteur B. en catastrophe de mon portable, il confirme la nécessité de réaliser l'IRM. Je retourne en salle d'attente. Je suis évidemment inquiète, mais quand l'anesthésiste revient me voir à la fin de l'examen, elle me dit que tout s'est bien passé. Au lieu d'endormir complètement Soley, elle est restée à côté d'elle pendant l'examen et a injecté le produit petit à petit. Elle me glisse qu'ils ont aussi fait la colonne. Quant à Soley, elle est en pleine forme, je ne l'ai jamais vue récupérer si bien d'une anesthésie ; mais à cause de ses arrêts respiratoires, elle doit passer la nuit à l'hôpital pour observations. L'oncologue passera dans l'après-midi nous annoncer les résultats.

Après des heures d'anxiété, on vient nous chercher en début de soirée pour nous conduire dans une petite salle. Les nouvelles sont mauvaises. Comme je le pensais, la tumeur a grossi de nouveau, jusqu'à reprendre plus ou moins son volume initial. La chimiothérapie de velbé que Soley a reçue ces dernières semaines a été complètement inefficace, il faut rapidement reposer un drain pour évacuer le liquide céphalorachidien, puis attaquer une ligne de chimiothérapie plus agressive. Je retiens mes larmes mais je garde les yeux baissés au sol pendant tout l'entretien. On nous dit de réfléchir à l'endroit où nous voulons traiter Soley, la garder ici à Toulouse ou la transférer à Curie. C'est tout réfléchi. Le soir même, j'achète un billet d'avion pour Soley et moi. Ce sera notre dernière nuit à Toulouse et je ne reverrai jamais notre appartement. Hadj nous rejoindra à Paris dans quelques jours, après s'être occupé du déménagement.

Le lendemain matin, c'est la croix et la bannière pour obtenir le CD-ROM avec les images de l'IRM. Hadj doit courir à l'autre bout de l'hôpital pour les récupérer dans un autre bâtiment avant de nous conduire à l'aéroport. Je m'étais inquiétée pour le vol mais Soley s'endort rapidement. Arrivées à Paris, le père d'Hadj nous récupère. Nous arrivons à Curie quand je reçois un message du docteur B. : Soley devant être opérée à Necker avant d'entamer une nouvelle cure de chimiothérapie, il a pu nous obtenir un rendez-vous avec le neurochirurgien, mais il faut y aller immédiatement. Nous remontons en voiture. Necker est un vrai labyrinthe, je ne sais pas dans quel bâtiment aller, la tête me tourne un peu, me rappelant que je n'ai rien mangé depuis hier. Soley dans mes bras est étonnamment sage, pourtant, elle aussi doit avoir besoin de téter et d'être changée. J'arrive enfin au secrétariat de neurochirurgie et je demande le professeur S. La secrétaire me dévisage, surprise et m'annonce qu'il a fini sa journée. Je fonds en larmes.

Après quelques coups de fil, la situation se débloque et on me conduit enfin dans son bureau. C'est un homme assez âgé, qui dirige le service de neurochirurgie et qu'on m'a présenté comme le meilleur neurochirurgien pédiatrique en France. Je m'installe, Soley sur les genoux. Le professeur S. jette un œil sur son dossier, lance une plaisanterie que je ne comprends pas sur notre nom de famille, puis désigne Soley du menton, « Alors, c'est un AT/RT ? » Je ne sais pas s'il parle de sa tumeur ou d'elle, comme certains disent « C'est un autiste » ou « C'est une trisomique ». Dans le doute, je hoche la tête. Il reprend : « Vous savez ce que ça veut dire... à cet âge-là, ils ne guérissent pas. C'est terrible ce qui vous arrive. » Je n'ai pas fait tout ce voyage pour m'entendre dire que ma fille va mourir, et surtout pas pour que Soley entende ça, mais je n'ose pas répliquer. Je réoriente la discussion sur la chirurgie qui est prévue, et qui consiste à reposer un drain à Soley. Il m'explique qu'elle passera au bloc dès demain mais que ce n'est pas lui qui l'opèrera. Il appelle sa collaboratrice, lui dit qu'il faut trouver un créneau pour Soley. Elle répond que ce n'est pas possible, que le planning est plein à craquer. Il répète calmement que Soley doit être opérée demain. Ils échangent entre eux et avec un autre docteur au téléphone, je comprends que l'opération d'un autre enfant va être repoussée pour trouver une place à Soley. Lorsque je pose la question, on me répond que cette chirurgie sera rapide, et n'est pas dangereuse. Après quelques jours de surveillance post-opératoire, Soley pourra être transférée à l'Institut Curie pour commencer son traitement de chimiothérapie.

On nous emmène dans le service de neurochirurgie, où je peux enfin changer et nourrir Soley. Une fête de Noël est organisée ce soir-là dans le service, et une bénévole m'apporte des gâteaux ainsi qu'une poupée pour Soley. La chambre est spacieuse, avec un lit d'appoint pour les parents. Ma mère et le père d'Hadj passent nous voir. Les infirmières viennent faire une prise de sang à Soley, elles veulent la piquer au pied. Je leur demande pourquoi elles ne peuvent pas prélever le sang sur son cathéter Broviac, comme c'était toujours le cas à Toulouse et ce qui évite une piqure à Soley, mais elles me répondent que cela boucherait le Broviac. Je ne comprends pas, on m'a au contraire expliqué que c'était fait pour ça, mais je n'ose pas insister. L'une des deux tient Soley pendant que l'autre la pique, mais elle se débat en hurlant. L'aiguille ripe et un jet de sang gicle sur le drap blanc. Je ne dis pas un mot, mais il y a de la rage dans mes yeux. Elles échangent un regard. « Bon, on va piquer au Broviac finalement. »

Le lendemain matin, je me réveille avec Soley dans la chambre inondée de lumière. Souriante, elle joue tranquillement avec son mobile. Elle est magnifique dans son petit pyjama rose et rouge. Je me sens confiante et pleine d'espoir. Comme il a fallu intercaler son opération dans le planning, personne ne sait exactement quand elle va aller au bloc, mais elle est NPO (*nil per os*, interdite de boire ou de manger) à partir de six heures du matin. L'infirmière refuse même de la laisser boire, mais je comprends aux allers-retours des soignants qu'elle n'est pas prête de partir au bloc. Je profite d'un moment d'absence des infirmières pour la laisser téter un petit moment dans la matinée. J'ai bien fait, car c'est seulement en fin d'après-midi qu'on vient nous chercher. Je descends avec Soley, et j'ai le cœur qui se sert comme à chaque fois que je la vois disparaître vers la salle d'opération.

Quelques heures plus tard, je la retrouve en salle de réveil. C'est une très grande salle, avec des dizaines de lits. Les infirmières me disent que l'opération s'est bien passée, mais je vois bien que Soley souffre beaucoup. Nous ne restons que quelques heures avant d'être remontées dans sa chambre, alors que Soley est toujours en train de pleurer. Je pensais qu'elle serait transférée en réanimation, comme c'était le cas à Toulouse après sa chirurgie, mais son état ne semble pas inquiéter les infirmières. La nuit qui suit sera probablement la pire de nos vies. Soley ne va pas cesser de pleurer jusqu'au lendemain. Elle ne dort pas. Elle ne prend pas le sein. Elle hurle de douleur en continu. Les heures passent, je sonne les infirmières toutes les demi-heures, en répétant encore et encore que quelque chose ne va pas avec mon bébé. Incapables d'apporter une solution pour la soulager, elles me conseillent d'aller prendre un café, de sortir de la chambre pour ne pas l'entendre crier, comme si c'était le problème. Quand elles osent suggérer que Soley pleure parce qu'elle « sent mon stress », je les envoie balader. Après des heures de négociations, je finis par réussir à faire monter un interne dans la chambre. Il est d'origine étrangère et j'ai du mal à comprendre son accent, mais j'insiste pour que Soley passe d'urgence un scanner pour vérifier qu'il n'y a pas eu d'accident pendant l'opération. Il me fait comprendre que cet examen lui semble inutile, mais enfin il cède. Comme l'imagerie est réalisée sans anesthésie, Soley est attachée à une planche par des bandes de gaze, empaquetée telle une petite momie. Cet emmaillotage semble paradoxalement lui faire du bien; elle s'endort quelques minutes, les seuls moments de répit qu'elle volera à cette nuit d'horreur. L'interne regarde les clichés et me confirme que, comme il le pensait, rien d'anormal n'apparaît. Il semble satisfait d'avoir eu raison et ne fait rien de plus pour Soley. La nuit continue de s'écouler lentement. Soley souffre le martyre et je suis incapable de la soulager. Hadj est à Toulouse, à des centaines de kilomètres, injoignable. Je ne me suis jamais sentie si seule et désarmée, j'en pleure de désespoir et d'épuisement. Après être restée debout à ses côtés pendant des heures sans que mes paroles ou mes caresses l'apaisent, je finis par m'allonger sur le petit lit d'appoint à côté du sien. Nous ne sommes qu'à quelques centimètres l'une de l'autre et pourtant, je me sens terriblement coupable, j'ai l'impression de l'abandonner.

Quand le neurochirurgien arrive enfin en fin de matinée pour la visite de contrôle, je lui saute à la gorge. Sur la défensive, il répond seulement que la valve est bien en place et fonctionne. Personne à Necker ne semble s'inquiéter outre mesure qu'un bébé de six mois souffre tellement qu'elle est incapable de dormir ou de s'alimenter depuis la veille. Je demande si elle ne devrait pas être transférée en réanimation, où elle pourra peut-être être mieux prise en charge. On me répond que non. Je me sens complètement démunie. Un autre médecin entre dans la chambre, c'est le docteur B. qui est venu jusqu'à Necker pour voir Soley et nous expliquer le protocole de chimiothérapie qu'elle recevra à Curie, dès qu'elle pourra y être transférée. Ses explications nous réconfortent autant que l'attention qu'il porte à sa douleur. Je me raccroche à ses mots : « À Curie, ça ne se passera pas comme ça ». Il promet d'aller parler à l'interne pour que la dose d'antalgique soit augmentée. Ce soir-là, ma maman passe la nuit avec Soley pour que j'aille dormir quelques heures dans l'appartement de ma sœur, à quelques stations de métro. Soley continue de se réveiller fréquemment, mais la situation semble se stabiliser.

*

Le 23 décembre, après de longues heures d'attente liée à une confusion d'ambulance, nous sommes enfin transférés à Curie. Le service de pédiatrie est situé tout en haut du bâtiment. Nous découvrons une rangée de chambres doubles ou simples en enfilade, avec la salle de soin, celle des infirmières, les bureaux des médecins, la grande salle de jeu, le baby-foot dans l'entrée et les tricycles rouges dans le couloir. On nous attribue Okoumé, la chambre du fond. Ouf, c'est une chambre simple. Nous ne savons pas encore que nous allons passer les six prochains mois dans cette pièce qui ne doit pas faire 9 m^2, et qui me rappelle ma chambre de l'internat à l'époque des classes préparatoires. Un lit à barreau pour Soley auquel j'accroche sa guirlande lumineuse, un autre pour celui d'entre nous qui passe la nuit avec elle, le plus souvent moi. Une porte-fenêtre qui ne s'ouvre pas. Un lavabo, des toilettes, une seule armoire dans laquelle j'entasse surtout les vêtements de Soley. Il y a longtemps que je ne me préoccupe plus de ce que je porte. Cette petite chambre, ce cocon minuscule, deviendra notre foyer, un univers entier.

On nous explique qu'avant de commencer le traitement, il faut s'assurer que Soley puisse supporter la toxicité de la chimio et qu'elle ne présente aucune anomalie cardiaque. Le lendemain, on nous renvoie une ambulance pour un passage express dans le seul cabinet de cardiologie qui doit être ouvert en ce jour de fête. Le cardiologue ne dit pas grand-chose mais nous coule un regard de pitié en remplissant le dossier médical. Soley reçoit sa première dose de chimiothérapie le jour de Noël, ce n'est pas le cadeau dont nous avions rêvé pour elle. Une amie qui habite juste en face de l'hôpital me prête son appartement pour la soirée, afin que mes parents et mes frères et sœurs puissent passer quelques heures avec nous. Nous nous relayons au chevet de Soley, qui souffre toujours beaucoup. Je suis épuisée et désespérée de voir à quoi ressemble ce premier Noël avec elle, ce moment dont j'avais tant rêvé. Je n'ai même pas réussi à lui trouver un petit costume de père Noël. Tout ça est tellement triste. Quand je me résous à la laisser un moment avec quelqu'un pour passer à l'appartement, je me rends compte que personne n'a vraiment pensé à préparer de quoi manger. Les uns et les autres se rejettent mutuellement la faute. Je suis déçue et en colère, surtout parce que j'espérais une trêve de Noël, et qu'il n'y a pas de trêve dans le monde du cancer. Soley passe une fois encore une nuit difficile. Elle ne peut plus bouger sa tête ni son bras gauche. Au matin, alors que la décision est prise de lui passer de la morphine en intraveineuse en continu, Hadj part en banlieue pour passer à son tour un moment avec sa famille. Je reste seule à l'hôpital avec mon bébé qui pleure. Quand, au bout de quelques heures, je ne peux plus maîtriser mon angoisse, j'appelle Hadj pour le presser de rentrer. Je me reproche de lui gâcher ses rares moments de répit, ce qui ne m'empêche pas de lui en vouloir d'être capable de les vivre. De mon côté, j'ai toujours du mal à respirer dès que je m'éloigne un peu de Soley.

Le jour suivant, la situation se dégrade encore, Soley fait des arrêts respiratoires. Le docteur de garde lui pose un masque relié à un gros ballon et commence à la ventiler. Je demande si elle est en train de mourir et pour la première fois, on ne me dit pas non. Personne ne sait vraiment ce qui se passe. Nous descendons au sous-sol pour passer un scanner d'urgence, mais tout semble stable. Finalement, ils décident d'arrêter la morphine et de passer un antidote. L'état de Soley s'améliore immédiatement. Elle passe l'après-midi et la nuit à dormir, rompue par la semaine de douleur qu'elle vient de subir. À quatre heures du matin, elle se réveille, tourne sa tête vers moi et réussit à bouger son bras ! Pas de sourires, mais je sais déjà qu'on y arrivera. Nous jouons ensemble pendant une heure, c'est notre petit Noël secret à toutes les deux au milieu de la nuit.

Le même jour, le petit garçon au bout du couloir meurt. On nous demande de fermer nos rideaux et de rester dans notre chambre pendant le transport du corps. La réalité du monde du cancer me frappe de plein fouet. Je suis si heureuse que Soley aille mieux, et en même temps, je ne peux pas ignorer à quel point je dois être prudente avec ce bonheur. Je la regarde dormir. J'ai toujours été du genre à anticiper, à tout prévoir, à planifier des solutions de repli. Mais elle, que j'aime tellement qu'il n'y a pas de mots, elle est ma vie maintenant, et je n'ai pas de plan B. J'apprends à marcher en même temps qu'elle, mon bébé qui ne rampera jamais, sur ce chemin qui ne figure sur aucune carte. C'est à la machette qu'on ouvre la voie, qu'on trace une route que personne n'a prise avant nous, que plus personne n'empruntera après. Les soignants ont bien vu d'autres familles s'enfoncer dans cette jungle, mais les conseils qu'ils nous transmettent restent de seconde main. Où nous allons, ils ne sont jamais allés. Où nous allons, nous n'en reviendrons pas.

*

Depuis que nous avons été plongés dans le monde du cancer pédiatrique, c'est difficile d'expliquer notre quotidien à ceux qui nous entourent. Chaque journée est un cauchemar éveillé, et en même temps, ce sont peut-être les seuls moments que nous aurons avec notre fille. Il y a de la peur et de la colère, mais tout autant d'espoir, d'amour, de temps passé tous les trois et d'attention indivisée sur Soley. Nous vivons chaque instant avec une intensité exacerbée puisque nous ne savons pas si elle sera encore là dans quelques mois, ni même dans quelques semaines. Je déteste le monde du cancer, mais je souris chaque fois que mes yeux se posent sur Soley. Au milieu de ces paradoxes, je tombe sur un texte écrit il y a plus de vingt ans par une certaine Emily Perl Kingsley. Elle évoque l'expérience de parents qui découvrent que leur bébé est handicapé. Bien que ce ne soit pas exactement, ou pas seulement, ce que nous vivons, ces mots résonnent pour moi. Le cinquième étage de Curie, c'est un peu notre version de la Hollande.

Bienvenue en Hollande (Emily Perl Kingsley, 1987)

Attendre un bébé, c'est comme planifier un fabuleux voyage en Italie. Vous achetez un paquet de guides de voyage et vous faites de merveilleux projets : le Colisée. Le David de Michel-Ange. Les gondoles à Venise. Vous apprenez peut-être quelques phrases utiles en italien. Tout cela est très excitant.

Enfin, après des mois de préparation fébrile, le grand jour arrive. Vous faites vos bagages et vous partez. Plusieurs heures plus tard, l'avion atterrit et le commandant de bord annonce « Bienvenue en Hollande ».

« En Hollande ? », dites-vous. Comment ça en Hollande ? J'ai pris un billet pour l'Italie. Je suis censé être en Italie. Toute ma vie, j'ai rêvé d'aller en Italie ». Mais il y a eu un changement dans le plan de vol. Vous avez atterri en Hollande et c'est là que vous devez rester.

Ils ne vous ont cependant pas emmené dans un endroit horrible, dégoûtant, sale, un pays où sévissent la peste, la famine et les maladies. C'est juste un endroit différent.

Vous devez donc sortir de l'avion et vous procurer de nouveaux guides de voyage. Vous devez apprendre une nouvelle langue. Vous ferez la connaissance de tout un groupe de nouvelles personnes que vous n'auriez jamais rencontrées autrement.

C'est seulement un endroit différent. Avec un rythme plus lent qu'en Italie, moins exubérant aussi. Mais après y avoir passé quelque temps, une fois repris votre souffle, vous regardez autour de vous et vous commencez à remarquer que la Hollande possède des moulins à vent. Que la Hollande a des tulipes. Que la Hollande a même des Rembrandt.

Mais tous ceux que vous connaissez vont en Italie ou en reviennent et ils ne cessent de se vanter de leur merveilleux voyage. Pour le reste de votre vie, vous vous direz : « Oui, c'est là que je devais aller. C'est ça que j'avais prévu. »

Et cette douleur ne partira jamais, parce que la perte de ce rêve est une perte très significative. Mais si vous passez votre vie à pleurer le fait de ne pas avoir atterri en Italie, vous pourriez ne jamais être en mesure d'apprécier les choses très spéciales, les choses très jolies… qui n'appartiennent qu'à la Hollande.

*

Je suis assise dans un restaurant japonais de la rue Gay-Lussac avec ma mère, venue me distraire un peu de l'hôpital, quand je lui annonce que si Soley meurt, je ne lui survivrais pas. Elle tente maladroitement de me prouver le contraire, et cela me met en colère. Quand nous remontons vers l'hôpital après le repas, nous passons devant le groupe de fumeurs agglutinés devant l'Institut océanographique et la colère remonte aussitôt, quelque chose en moi qui se lève comme le vent. À cet instant, je leur souhaite de finir avec un cancer des poumons. Je sais que c'est irrationnel, que ça ne sert à rien, que parmi les gens que j'aime, il y a bien des fumeurs, et surtout que ce n'est de la faute de personne si ma fille a eu un cancer à trois mois. Et pourtant.

Une nouvelle IRM début janvier montre une progression tumorale. L'oncologue qui nous montre les images en l'absence de B. en déduit que la tumeur est sûrement chimiorésistante, et nous conseille d'envisager les soins palliatifs. À ces mots, je me referme comme une huître. Nous n'avons fait qu'une seule dose de chimio, alors qu'un round complet en comporte trois, avec trois produits différents. Dans le défaitisme de ce médecin, nous entendons un abandon et même une trahison, et nous lui en garderons une rancœur secrète et tenace qui mettra des années à passer.

Nous retournons à Necker pour consulter également le professeur S. Le chirurgien qui a opéré Soley à Toulouse, également présent à Necker ce jour, est invité à se joindre à la consultation. Aucun des deux n'a l'air d'être content de nous voir, j'ai l'impression que nous les mettons mal à l'aise. Le professeur S. refuse d'envisager une nouvelle chirurgie, argumentant que Soley risquerait de mourir d'une hémorragie pendant l'opération. Son confrère opine. S. retourne à son ordinateur, fait défiler les images. « Vous savez, on va très loin pour sauver les gosses, mais la capacité sanguine de votre fille, c'est l'équivalent d'une canette de coca. Il ne lui reste que quelques semaines. » Je me tiens très droite, refuse de pleurer devant lui.

Alors nous rentrons à Curie, dans notre petite chambre. Hadj étouffe souvent entre ces quatre murs, cherche des prétextes pour en sortir aussi souvent que possible. Pas moi. Je me sens plutôt bien dans ce monde recroquevillé, dans cette toute petite vie à très grande échelle. Je passe la plupart de mes heures allongée près de Soley. Nos journées sont rythmées de petits rituels : les soins, les visites de nos familles, les bains puisque le protocole de Curie les autorise contrairement au CHU de Toulouse. Soley est heureuse dans l'eau. Ça me suffit. Je rencontre deux autres mamans, Stéphanie, dont la petite Kayliah d'un an et demi vient d'être diagnostiquée d'un neuroblastome, et Maria, dont la grande Chloé de quatorze ans se bat contre un cancer des os. Nous n'avons rien en commun. Nos histoires, nos parcours de vie, nos personnalités sont différents. Nous ne nous serions sûrement pas choisies, probablement même pas croisées en d'autres circonstances. Des liens très forts se tissent cependant entre nous, qui nous ressemblons si peu. Il semble que même nos destins soient tressés. Nos trois filles ont des âges, des pathologies et des chances de survie complètement différents. Nous parlons de tout, y compris des pronostics de survie : 10 %, 30 %, 50 %. Et toutes les trois mourront avant la fin de l'année.

*

Le cancer vit au milieu de nous, nous ne pouvons l'ignorer. Soley semble en permanence ensommeillée, peut-être à cause des antiépileptiques ; elle n'a pas récupéré toutes ses capacités motrices, commence à perdre ses cheveux, se sert surtout de sa main gauche pour jouer. La chimiothérapie entraîne une liste inquiétante d'effets secondaires potentiels, et chaque jour, j'ai l'impression d'envoyer mon bébé à la guerre. Mais elle supporte tout, tombe rarement en aplasie, ne souffre pas de mucites ni de la toxicité du traitement. Je la tiens dans mes bras pendant que les infirmières lui font ses ponctions lombaires : elle geint un peu, ne pleure pas. Tellement de force dans ce petit corps de quelques kilos. Du béton armé coulé dans du coton. Notre petit tank, si fragile, si paradoxalement indestructible. Nous fêtons son sixième moisniversaire dans la salle à manger de l'hôpital avec nos familles. Elle reçoit un tableau d'éveil en forme de chat qui braille une chansonnette inintelligible, et nous l'applaudissons à chaque fois qu'elle parvient à déclencher le mécanisme, plus souvent par hasard qu'intentionnellement. Hadj lui joue de la guitare ; elle agite maladroitement son petit grelot. Enfin, elle ferme les yeux, une main agrippée à son mobile, l'autre au barreau du lit, refusant de lâcher prise même au creux du sommeil. Endormie, elle garde cet air sérieux et concentré qui n'appartient qu'à elle.

Nous recommençons à sortir un peu aussi, Soley emmitouflée dans sa combinaison pilote rouge, d'abord dans le petit jardin de Curie, puis jusqu'au jardin du Luxembourg. Le ciel est bleu, il fait froid mais très beau, au retour, on s'arrête dans un bistrot pour boire un chocolat chaud. Hadj est un peu anxieux, tant il nous semble surréaliste de quitter le cocon de Curie pour s'aventurer dans le monde normal. Je me souviens alors du jour où nous avons quitté la maternité après la naissance de Soley, et comme nous étions presque surpris qu'on nous laisse l'emmener sans supervision. J'avais l'impression de transporter un trésor ou une bombe, ou plutôt un trésor dans une bombe, quelque chose de fragile et de précieux, de rare et de dangereux. J'avais été particulièrement inquiète quand Hadj avait commencé à conduire et que la tête de Soley avait oscillé dans les tournants ; j'avais mis mes mains de part et d'autre de son petit crâne de nouveau-né pour le retenir. Au fil des semaines, nous nous enhardissons, descendons la rue Gay-Lussac pour aller au restaurant japonais ou au salon de thé, quittons l'hôpital pour passer quelques heures avec elle à la Maison des Parents où nous avons une chambre. Un jour que nous poussons l'expédition jusqu'à aller à la crêperie près du Panthéon avec le beau-frère d'Hadj, la serveuse s'exclame en voyant la sonde nasogastrique de Soley : « Oh la pauvre petite, qu'est-ce qu'elle a ? » Personne ne répond. Soley reste sagement dans sa poussette pendant tout le repas, agrippée à son trousseau de clés en plastique.

À la fin du mois de janvier, elle passe un nouveau scanner suite à une crise d'épilepsie. Je l'accompagne au sous-sol où on l'immobilise sur la table mobile.

La technicienne me répète comme à chaque fois que les radiations peuvent être dangereuses pour la santé, me demande si je suis enceinte, auquel cas il faudra sortir de la pièce pour ne pas exposer le bébé. Je montre la table sur laquelle Soley est allongée et je réponds un peu brusquement, « Il est là mon bébé ». Je suis terrifiée de ce que l'examen révèlera, redoutant que l'imagerie montre une augmentation de la tumeur qui soit la cause des convulsions, que la prophétie du chirurgien se réalise. Quand je croise le docteur qui m'annonce que la tumeur est stable, je me mets à danser de joie dans le couloir. Nicolas, le frère cadet de Chloé, rit aux éclats en me rejoignant, Maria vole une photo. J'ai conscience que ce n'est qu'une minuscule bonne nouvelle, que rien n'est gagné, que Soley reste en grand danger. Mais dans le monde du cancer, chaque flamme brille dix fois plus fort.

Je ne suis pas très douée pour la résignation, trop habituée à avoir toujours eu ce que je voulais, par chance ou par obstination, et assez naïve pour avoir cru que ça durerait toujours. Mais je veux que Soley vive comme je n'ai jamais rien voulu avant, et pourtant, je comprends qu'elle ne vivra probablement pas. Mes prières ont tellement changé en quelques mois. Au début, je plaidais pour une cure, et une rémission complète. Elle n'était qu'un bébé ! Nous marcherions avec elle sur ce chemin d'abîme, puis nous reprendrions le cours de notre vie normale. Mais rapidement, j'ai compris qu'il n'y aurait jamais de retour à la normale. Toutes les choses que nous avions voulues pour notre enfant, l'amour et l'amitié, les sciences et les arts, marcher dans l'herbe mouillée de rosée, tous les cadeaux précieux de la vie lui avaient déjà été volés. Nous pensions qu'elle allait changer le monde, nous devions maintenant changer le monde pour elle. Alors je négocie. J'échange la parole et la marche, la santé et l'autonomie, contre sa survie. Je n'avais pas signé pour ça, mais je l'accepte. Ce n'est pas la vie dont j'avais rêvé pour Soley, mais je l'accepte. Plus que tout, ses rires me manquent, mais même ça, je l'accepte, tant qu'elle peut rester avec nous et que je peux embrasser ses joues.

Un soir, je n'arrive pas à remettre la main sur l'iPad, dont je me sers surtout pour prendre chaque jour des tonnes de photos de Soley. Je suis effondrée, persuadée qu'on m'a volé ces semaines de souvenirs et que je ne le retrouverai jamais. J'ai l'impression d'avoir perdu bien plus qu'un objet, comme si dans cette perte se dessinait déjà celle de Soley. Les infirmières me consolent et impriment un petit avis qu'elles placardent dans le hall, mais je n'y crois pas. En arpentant les couloirs à la recherche de la tablette, je tombe par hasard sur Maria, la maman de Chloé. Coup de théâtre, c'est elle qui a retrouvé l'iPad et qui l'a mis de côté pour moi. Je la serre dans mes bras avant de remarquer son visage défait, elle me demande de l'accompagner dans le petit jardin clos où elle va fumer une cigarette. Et c'est là qu'elle me répète ce que les médecins viennent de lui dire, c'est-à-dire que sa fille va mourir.

*

Longtemps, j'ai cherché une explication. Peut-être avais-je attiré sur elle le courroux des dieux en lui donnant ce prénom solaire. J'avais péché par orgueil. J'étais très jeune quand elle est née, et je ressentais vaguement que ce n'était pas un hasard. Comme si, à bien y réfléchir, il avait été décidé (mais par qui ?) que je ne serais pas à la hauteur. Pendant ma grossesse, on m'a tellement demandé si je l'avais vraiment désirée, si c'était un accident, que ça lui avait peut-être transmis de mauvaises ondes pendant qu'elle baignait dans sa piscine amniotique. Et j'étais si stressée, si préoccupée par la préparation du concours du Capes. Je travaillais trop. À courir d'une ville à l'autre, à sauter d'un train à l'autre, je m'étais épuisée. Je n'avais pas pris le temps d'investir cette grossesse, je n'avais même pas vraiment compris ce qu'on entendait par là. Nous avions attendu vraiment longtemps avant d'acheter sa layette et son berceau. J'avais cette image de la femme enceinte prenant de longs bains, avec de la mousse et des bougies parfumées, et qui caresse son ventre en parlant à son bébé. Ce qui est sûr, c'est que je n'ai pas fait d'haptonomie, pas de yoga, pas de chant prénatal. Les quelques fois où j'avais réussi à me rendre aux cours de préparation à l'accouchement, je m'étais évanouie. Je n'avais même pas pris d'acide folique, et je suis sûre qu'on peut trouver quelque part sur Internet un article qui fait le lien entre le manque d'acide folique et les tumeurs cérébrales. Je ne mangeais pas exclusivement bio, comme on me l'a fait remarquer après son diagnostic. Je n'étais pas particulièrement prudente. J'ai bu mon occasionnel verre de vin rouge, et même un cocktail de trop pour le Nouvel An. Une fois, j'ai mangé un sandwich au saumon fumé. Peut-être que je l'ai juste voulu trop fort, et que j'ai cassé mon rêve comme Lennie avec ses souris.

Le docteur B. me regarde derrière ses lunettes. Il a une autre théorie. C'est une histoire qui commence il y a longtemps, bien avant qu'on ne choisisse un prénom, avant même que j'apprenne que le bébé que j'avais tellement attendu allait enfin arriver. Avant même que Soley ne devienne ce bébé, quand elle n'était qu'un petit tas de cellules. Chacune de ces cellules contenant 22 chromosomes, chaque chromosome contenant à son tour un ensemble de gènes. Il faut zoomer sur un chromosome en particulier, le numéro 22 ; puis zoomer encore sur un gène en particulier, le gène SMARCB1. On remarque alors que chez Soley, ce gène est différent. Il est cassé. Un putain de gène parmi des dizaines de milliers, juste un minuscule défaut de fabrication. Mais pas n'importe lequel : celui-là est un gène suppresseur de tumeurs. Il est chargé de surveiller la bonne copie des chromosomes, et d'éliminer celles qui sont anormales. Cette minuscule altération prédispose donc Soley au cancer depuis sa conception. Rien de ce que nous avons pu faire ou ne pas faire ensuite n'est en cause. Depuis le tout début, notre fille n'avait pas reçu son bouclier pour la grande croisade de la vie.

*

Quand on a appris que Soley avait le cancer, une amie m'a dit cette phrase, qui m'a surprise : « C'est terrible mais si ça t'arrive à toi, ce n'est pas un hasard. C'est parce que tu es la seule personne assez forte pour pouvoir le surmonter ». Ce sont ses mots exacts, et j'en ai été soufflée. Quelques mois plus tard, alors que nous étions déjà à Curie, mon père m'a confié : « Je ne sais pas comment vous faites avec Hadj, moi, je n'en aurais pas été capable. » Et souvent, par la suite, j'ai entendu des déclinaisons de cette idée : que nous étions des personnes spéciales, exceptionnellement fortes, puisque nous gardions la tête hors de l'eau. Cela me mettait mal à l'aise. Je ne percevais aucune force particulière, ni en moi, ni en Hadj. Que faisions-nous de plus que d'autres n'auraient pas fait ? Cette guerre, je ne l'avais pas voulue et je ne m'en sentais pas capable. Nous avions été enrôlés de force. Mais quel autre choix s'offrait à nous ? Laisser notre enfant à l'hôpital, et partir sans nous retourner ?

Un soir, dans notre petite chambre exigüe, je regarde le film *La guerre est déclarée*. Je l'avais déjà vu il y a quelques années, avant d'avoir Soley, et je n'en avais pas gardé un souvenir inoubliable. Cette fois, je le trouve même franchement ridicule, principalement parce que je nous y cherche, et que je ne nous y trouve pas. Le titre est bien pensé, tout le reste est à jeter, à commencer par le nom des personnages principaux : Roméo et Juliette. Des parents qui abandonnent leur fils à une baby-sitter tous les jours, qui sortent faire la fête en boîte pendant que leur petit garçon se bat contre le cancer ? Qui ne regardent pas la réalité de la maladie en face, qui baignent dans un optimisme déraisonnable ? Pour moi, on touche le fond quand le père demande à la mère pourquoi c'est tombé sur eux : « Parce qu'on est capables de surmonter ça. » Je mettrais ma main à couper qu'aucun parent n'a jamais prononcé ces mots, dans aucun service de cancérologie pédiatrique, jamais. Pourtant, je fais des recherches et je réalise que le film est inspiré d'une histoire vraie, que les acteurs principaux sont vraiment les parents du petit garçon qui a eu une tumeur au cerveau. Je crois même comprendre que c'est un ATRT, comme Soley. Aujourd'hui, leur fils est vivant et en bonne santé. Alors que ça devrait me réjouir, étrangement, je me sens écœurée.

*

Vivre dans le monde du cancer c'est vivre sur des montagnes russes. Après deux rounds de chimiothérapie, l'IRM montre une réduction de la tumeur de 30 % par rapport à janvier. En plus d'être plus petite, elle est aussi moins vascularisée. Cette merveilleuse nouvelle explique les nouveaux progrès de Soley et ses nombreux sourires. Nous sommes sur un nuage, même si à aucun moment, nous ne la pensons sauvée. C'est toujours une grosse tumeur, les métastases sont toujours là, elle a toujours besoin d'une opération que les chirurgiens refusent de pratiquer. Cela prouve seulement que la chimiothérapie marche pour le moment, et nous savons que seule la chimiothérapie ne suffira pas à vaincre l'ATRT. Une semaine plus tard à peine, la ponction lombaire montre des cellules cancéreuses flottant dans le fluide cérébro-spinal. Cette contamination dans la colonne prouve que les métastases ne sont pas sous contrôle. C'est une très mauvaise nouvelle, surtout après toutes les chimios que Soley a reçues, à la fois par intraveineuse (dans le sang) et par intrathécale (dans la colonne vertébrale).

Comme l'équipe de neurochirurgie de Necker refuse toujours d'opérer Soley, le docteur B. nous propose de consulter un autre neurochirurgien à Lille pour prendre un deuxième avis. Hadj part en train pour la journée pendant que je reste avec Soley. À son retour, je le presse de questions, mais il reste vague. Il n'ose pas me dire que le chirurgien a été aussi négatif que ses confrères, que, selon lui aussi, Soley est condamnée. Nous finissons par nous disputer dans un brouillard d'incompréhension, tous deux à bout de forces, abattus de fatigue et de désespoir. Je lui aboie que j'aurais mieux fait de me rendre à Lille à sa place s'il est incapable de retenir ce qu'a dit le chirurgien ; de colère, il me pousse par terre. Une infirmière passe la tête par la porte. J'ai tellement honte qu'on soit devenu ce couple qui se dispute en public, comme des adolescents ou des ivrognes. Pendant plusieurs jours, je n'ose plus sortir de la chambre.

À Curie, la relation avec les soignants est beaucoup plus facile qu'à Toulouse. Je n'ai plus l'impression qu'on nous cache des choses, nous ne nous sentons pas jugés ni pris de haut. On nous écoute, on nous implique davantage, et on nous demande souvent comment nous trouvons Soley, car « C'est vous ses parents, c'est vous qui la connaissez le mieux. » Nous avons de longues discussions avec le Dr B. sur les options de traitements et sur le pronostic de Soley. Ces échanges sont souvent émotionnellement chargés, je suis restée la cliente difficile, et rendus supportables seulement par son exceptionnelle empathie et son immense capacité d'écoute. Quelles que soient nos divergences d'opinions, nous ne douterons pas de notre décision de lui avoir confié Soley. À Toulouse, j'avais l'impression que les soignants ne croyaient pas en Soley, la condamnaient d'avance, ne la voyaient même pas. Je sais qu'ici à Curie, Soley est connue et reconnue. Dans la douceur des soins qui lui sont prodigués, dans l'attention que ses infirmières lui portent, je vois que Soley est aimée. Quand le docteur B. passe dans la chambre à la fin de sa longue journée, alors qu'il n'y a pas d'examens prévus ni de nouvelles à nous annoncer, juste pour voir comment elle se porte aujourd'hui, nous sommes touchés au cœur.

Et malgré tout, ça reste difficile. Souvent encore, je me sens dépossédée, car le choix du traitement de notre fille n'est pas entre nos mains de parents. On nous parle de qualité de vie, des conséquences que peuvent avoir les traitements sur le développement de Soley, on nous propose de rencontrer le conseil d'éthique, mais j'ai l'impression qu'on nous questionne surtout pour la forme. Plus la tumeur progresse, plus la question du risque revient dans nos discussions avec l'équipe médicale. En même temps que l'espoir de guérison devient de plus en plus faible, la probabilité de séquelles devient de plus en plus lourde. Les neurochirurgiens refusent d'opérer Soley à cause du risque d'hémorragie fatale pendant l'opération, mais sans opération, ses chances de survie sont pratiquement nulles. Je demande à ce que Soley puisse bénéficier de radiothérapie, on me dit que ce n'est pas une option parce que la tumeur est trop grosse, mais aussi parce que Soley est trop jeune et que les conséquences sur son développement seraient désastreuses. En France, l'irradiation cérébrale n'est pas pratiquée sur les jeunes enfants, alors qu'aux États-Unis, on peut irradier un bébé de quelques mois. La protonthérapie, une nouvelle forme de radiation qui cause moins de séquelles, n'est pas une possibilité non plus car les rares places disponibles sont réservées aux patients avec un meilleur pronostic. Cela me révolte. Quelles vies comptent ? Qui mérite d'être sauvé ? Qui doit être protégé ? Et qui doit choisir ? Jusqu'où peut-on aller dans l'espoir de sauver un enfant ? Où est tracée la limite de l'obstination déraisonnable, et par qui ? Je me heurte aux murs des décisions médicales et j'ai l'impression qu'on condamne mon bébé à mort, que ce sont les médecins, autant que le cancer, qui sont en train de la tuer. Je m'obstine, étudie les possibilités, compliquées et coûteuses, d'opérer ou d'irradier Soley à l'étranger. En attendant, nous allons essayer une nouvelle ligne de chimiothérapie. Nous avons encore quelques options, même si le docteur B. ne nous cache pas que les possibilités que Soley guérisse deviennent de plus en plus minces. Rien n'y fait, je ne me résous pas à renoncer, je resterai en mode combat jusqu'au bout.

Au quotidien aussi, il m'est difficile de devoir demander la permission pour tout, avant de donner le bain ou la moindre cuillère de Doliprane à Soley, avant de l'emmener en promenade. Les nombreux soins dont elle a besoin et les allers-retours des soignants dans la chambre nous privent de toute intimité. Les autres familles ne restent que quelques jours à l'hôpital et rentrent chez elles entre deux cures, mais pour nous, les semaines se transforment en mois. Notre cellule familiale en est ébranlée, comme notre couple qui s'effiloche. Nous sommes trop épuisés et angoissés pour nous en préoccuper, nous gardons toutes nos ressources pour Soley. Quand ma mère passe une nuit à l'hôpital près de Soley pour que nous puissions rentrer ensemble à la Maison des Parents, nous nous effondrons de sommeil. Une seule fois au cours de tous ces mois d'hôpital, nous ferons l'amour, à la sauvette, sur le petit lit de camp près de notre fille endormie. Hadj et moi sommes ensemble presque 24 heures sur 24, et paradoxalement si loin l'un de l'autre. Et puis, il y a les autres familles, qui habitent avec nous ce quotidien chargé et ces lieux partagés, la salle de jeux, la salle à manger, le frigo commun. Si avec certains on se lie, avec d'autres on s'évite. Les mêmes tensions qui agitent tous les groupes humains ont lieu ici comme partout. Un soir, je me fais la réflexion qu'il y a pire que de manger de la bouffe d'hôpital dans un service d'oncologie pédiatrique : il y a manger de la bouffe d'hôpital dans un service d'oncologie pédiatrique, en face d'un père qui déblatère des propos sexistes. Je suis fatiguée.

Pour les neuf mois de Soley, nous l'emmenons en poussette jusqu'au Jardin des plantes. Il fait beau, étonnamment chaud, nous sommes si heureux d'être dehors, de faire une vraie sortie loin de l'hôpital, d'aller au zoo comme une famille normale. Je gambade. Soley semble très impressionnée, et même trop. Elle tend bien la main vers le petit singe, mais j'ai l'impression que tous les autres animaux lui font peur. Quand je la porte près de l'enclos du buffle, elle me regarde, les yeux écarquillés. Sur la fin de la visite, elle se rendort, blottie contre Hadj dans le porte-bébé. Quand nous rentrons à Curie, rassurée de retrouver le petit univers de sa chambre d'hôpital, elle redevient radieuse et nous abreuve de sourires.

Vivre à Curie, c'est un peu vivre dans une boîte. Tu ne peux pas en sortir, mais au fond, qu'est-ce que ça signifierait d'en sortir ? Alors je mets de la musique et je chante un peu fort, je prends Soley dans mes bras et je danse, je l'assois sur son pouf et je bouge ses petits pieds en rythme, de droite à gauche. Je l'aime de plus en plus chaque jour. Je lui murmure doucement : « Sois forte pour moi », et dans ses yeux je lis en écho : « Je me bats pour toi. » Alors je promets à mon tour : « Je me bats pour toi. » Et je sais qu'elle répète en silence : « Sois forte pour moi. »

*

Avant la vague, j'avais toujours vécu dans un monde où le handicap n'existait pas, ou alors seulement sur les places de parking. À peine enceinte, des examens sont déjà prescrits pour vérifier qu'il n'y a pas de problème (est-ce que le handicap est un « problème », et pour qui ?). Et quand bébé arrive, on l'amène chaque mois chez le pédiatre pour s'assurer de son bon développement. On enchaîne les visites médicales, on coche consciencieusement sur le carnet de santé que ce mois-ci, bébé commence à se retourner sur le côté, à attraper des objets de petite taille, à babiller. Mais tout s'écroule si bébé est diagnostiqué avec une tumeur au cerveau. La peur terrifiante que notre enfant meure joue des coudes avec celle qu'il survive, mais alors dans quel état ?

Lorsqu'on nous a annoncé le diagnostic de Soley, la question du handicap est arrivée rapidement dans la discussion. L'oncologue de Toulouse était resté assez floue sur l'ampleur des risques, mais nous avait dit que si Soley survivait, il était probable qu'elle ne pourrait pas suivre une scolarité normale. À ce moment-là, c'était quelque chose que je ne pouvais même pas entendre. Tout a évolué dans les semaines qui ont suivi. La situation, puisque j'avais compris qu'il ne s'agirait pas seulement d'un retard scolaire, mais de handicaps psychomoteurs lourds. Mais surtout mon opinion : j'avais fait le deuil de ce qui aurait dû être sa vie et tout ce qui comptait désormais, c'était de sauver Soley, à n'importe quel prix. Il m'avait fallu ces quelques semaines pour comprendre que Soley serait toujours une petite fille exceptionnelle, quel que soit son développement : c'est elle qui m'a prouvé qu'elle trouverait tout simplement une autre façon de briller. Une fois ce cap pris, je n'en ai plus jamais changé, quelles que soient les tempêtes que nous avons rencontrées. Cette obstination a éprouvé mes relations avec l'équipe médicale comme avec Hadj, tous inquiets des effets secondaires que les traitements auraient sur elle. Mais pour moi, c'était la boussole qui me permettait de traverser la nuit. Jusqu'au bout, jusqu'au bout, ne rien lâcher tant qu'elle-même ne lâchait pas.

À Curie, un papa dont le petit garçon de trois

ans a également une tumeur au cerveau me confie : « Quand je vois les regards qu'on me jette dans la rue quand je promène mon fils qui a une trachéotomie, ça me fait peur pour son avenir. » Mais je n'ai jamais ressenti cette gêne, jamais eu l'impression qu'on dévisageait Soley dans sa poussette, bien qu'Hadj m'en ait fait la remarque quelques fois. Au contraire, je suis incroyablement fière de mon bébé viking, avec son crâne chauve, ses cicatrices, sa sonde nasogastrique et le drain qu'on devine sous la peau de son crâne. J'ai l'impression de promener un personnage royal, quelqu'un d'important et de spécial. S'il arrive que des inconnus la regardent, je présume toujours (c'est peut-être de la naïveté) que c'est parce qu'ils sont émerveillés par sa beauté et la force qui se dégage de son regard.

On nous demande de réfléchir aux conséquences des traitements, à ce qui constituerait une « vie acceptable » pour notre fille. Je ne crois pas qu'il y ait des critères précis, des cases à cocher, une définition qui s'appliquerait à toutes les familles et à tous les moments de la vie. Peut-être que ce qui rend une vie acceptable, c'est juste d'être accepté. Et qu'est-ce qu'une vie inacceptable ? Chaque nuit où je laisse Soley à l'hôpital avec son papa pour aller dormir à la Maison des Parents, je vois des hommes et des femmes qui s'apprêtent à passer la leur couchés par terre sur une bouche d'aération. Abandonnés de tous, alors qu'à quelques mètres de là, dans l'enceinte de l'Institut, on déploie des moyens immenses pour sauver d'autres humains. Le contraste est presque inconcevable. Ce qui est acceptable ne peut être réduit à des points de Q.I., une question d'autonomie et de capacités. Il me semble que cela tient beaucoup plus au soin et à l'amour, deux choses dont Soley ne manquera jamais.

*

Soley est adorable sur toutes ses photos, mais le cancer n'a rien de mignon. La semaine suivant son diagnostic, alors qu'elle venait d'avoir trois mois, elle a subi deux opérations du cerveau, à quelques jours d'écart. On la voit sur les clichés, anesthésiée, perfusée et intubée, attachée par les poignets à son berceau en plexiglas dans un box de réanimation. Le monde du cancer n'est pas un poster de motivation. Nos enfants sont des guerriers. Les cicatrices sont apparentes, ça saigne sous les pansements. Je n'ai pas quitté l'hôpital une seule journée depuis que nous avons transféré Soley à Paris et dans ce laps de temps, cinq enfants du service sont morts. Cinq enfants. Que je connaissais. Qui vivaient près de moi. Sont morts. Je crois que les gens ne comprennent pas ça. Les enfants tombent comme des mouches, c'est ma nouvelle réalité. C'est notre vie dans le monde du cancer, cet ouragan qui nous a emportés sans sommation. J'ai l'impression de vivre en temps de guerre, ou en prison. La sentence délivrée d'une voix blanche, les petites chambres et la cantine industrielle, la foule captive et la compétition implicite. L'hospitalisation comme une condamnation. Et de l'autre côté du mur, le monde qui continue de tourner sans nous.

Je croise dans la salle à manger une maman et son petit garçon. Il a un rétinoblastome et demain matin, il passera au bloc pour une énucléation. La mère tient son fils sur les genoux et lui caresse les cheveux. « C'est la meilleure solution, ensuite, il n'y aura plus de risque que le cancer revienne. » Sa voix ne tremble presque pas mais sa tristesse remplit la pièce. Je regarde le joli petit visage et j'essaie de l'imaginer avec un œil en moins. Mais rien. Mon cœur est vide. Les mots qui flottent dans ma tête ne sont pas des mots d'empathie, des mots de soutien, des mots d'amour. Ce sont des mots noirs, des mots piquants, des mots de jalousie et de colère. Parce que cette maman et ce petit garçon, je ne les plains pas du tout. En fait, je trouve qu'ils ont bien de la chance. Si seulement c'était si facile pour nous, si on pouvait sortir le cancer de la tête de ma fille avec une simple opération, ce serait un miracle. La comparaison des peines est tabou et pourtant, la vérité sur le monde du cancer, c'est qu'on vit chacun dans le sien. Qu'il n'y a rien en commun entre cette maman et moi, son fils et ma fille, son expérience du cancer et la mienne. Ses combats, ses peurs et ses espoirs n'ont rien à voir avec les miens. Dans son monde, l'énucléation est la pire des choses qui puissent arriver, et bien sûr que c'est injuste et horrible. Et moi, je donnerais mes yeux et ceux de Soley, j'aveuglerais toute l'humanité pour pouvoir la guérir. Je crois que j'ai perdu toute mon empathie. Je n'oserais pas l'avouer à voix haute mais j'ai souhaité la mort de tous mes proches – chacun, individuellement. J'ai prié pour qu'ils meurent à la place de ma fille. J'ai appelé la mort, souvent, et je lui ai dit : prends quelqu'un d'autre. Prends mes amis, mes parents, mes frères et sœurs, mon mari, prends l'enfant de la chambre d'à côté. Prends chaque personne sur cette Terre mais laisse-la-moi. Je ne sais même pas qui je priais, peut-être le cancer, tu parles d'un pacte avec le diable. J'ai des visions de nous deux, elle et moi, seules dans un monde post-apocalyptique, nous frayant un chemin à travers la jungle, et c'est une vision qui ressemble à un rêve.

Car la situation de Soley se dégrade. J'insiste pour tenter une dernière ligne de chimiothérapie, du Méthotrexate, un produit dangereux qui pourrait attaquer ses reins ou son foie. Mais nous n'avons pas d'autre alternative, car je n'abandonnerais jamais mon bébé : aussi longtemps qu'elle se bat pour moi, c'est mon devoir de lui fournir des armes. La vie est coriace, mais mon bébé aussi. Sa force incroyable, sa facilité à supporter les traitements me donnent le courage de prendre ces décisions que personne ne devrait prendre. Depuis plusieurs mois maintenant, nous avons entendu les docteurs nous dire qu'il faudrait un miracle pour la sauver. Mais elle est déjà notre petit miracle.

*

Chaque fois qu'on me demande si Soley est « notre première », je réponds un peu agressivement : « Ce n'est pas la première, c'est la seule ». Quand, à l'hôpital, je croise les autres familles, avec l'enfant malade entouré de ses frères et sœurs, je ne trouve pas ça juste. Je suis jalouse de ces enfants supplémentaires, et je vis comme une injustice particulière que le cancer s'acharne sur notre fille unique. C'est la nôtre qui devrait guérir, puisque nous n'avons qu'elle.

Début avril, je reçois une réponse du centre de radiothérapie américain que j'avais contacté dans l'espoir de faire irradier Soley : « Malheureusement, dans son état actuel, il n'y aurait pas beaucoup à gagner de la protonthérapie par rapport à la photonthérapie standard. Cependant, si Soley obtenait une meilleure réponse à la chimiothérapie, la protonthérapie pourrait s'avérer raisonnable. Est-elle toujours sous chimiothérapie actuellement ? » Je ne réponds même pas. Je comprends que rien ne peut être sauvé pour toujours, que rien n'est garanti, qu'aimer ne serait-ce qu'un peu, c'est être vulnérable. En une poignée d'heures, mon bébé en pleine santé a été diagnostiqué avec une tumeur au cerveau, et ma vie parfaite s'est écroulée. J'ai beaucoup pleuré au début. Maintenant, je ne pleure plus, mais le futur est devenu un langage que je ne parle plus. Ma vie n'a plus que deux dimensions : présent et passé. Le présent me rassure, cet endroit où je ne quitte jamais Soley. J'ai besoin de la toucher tout le temps – son petit pied dans ma main, son poids quand elle dort sur mon ventre pendant que je regarde *Grey's Anatomy* sur l'ordinateur. Le temps s'est arrêté, ou presque. Je pratique encore le passé, en va-et-vient fréquents à travers les photographies. Nous en prenons chaque jour des dizaines, pour que chaque moment soit fixé et archivé. Tout ce qui n'est pas sauvé est perdu, et nous cherchons tellement à la retenir. Mon passé ressemble à la galerie photo de mon iPad : il commence en juillet 2013, et Soley est sur toutes les pages. Rien ne semble avoir existé avant. Rien ne me semble pouvoir venir après.

Le futur me hante par flash de terreur — son petit corps froid dans un tiroir mortuaire, une église bondée, un cimetière — trop terrifiant pour être une option. Je ne peux pas penser à mon bébé mourant, ni pleurer mon bébé vivant. Je vis au présent pour garder une certaine normalité, et même une forme de bonheur à l'intérieur de notre bulle. Mais c'est aussi l'une des choses qui rend toute communication avec l'extérieur difficile. Qu'allons-nous faire le mois prochain ? Et l'année prochaine ? Vais-je enseigner à la rentrée ? Allons-nous rentrer à Toulouse ? Est-ce que nous pensons à un autre enfant ? Je ne sais pas. Je n'ai pas de futur, ou plutôt, le futur n'a pas de sens pour moi. Je suis seulement dans ce moment, à cet endroit, avec cette enfant.

Mais le futur, comme la marée, revient toujours, et menace à chaque lune d'emporter nos digues de papier. Après l'une des rares nuits où je suis rentrée dormir à la Maison des Parents, Hadj m'appelle en fin de matinée. Il me dit que quelque chose est arrivé, que je dois venir le rejoindre, rappelle quelques minutes plus tard. Soley s'est remise à convulser. Je comprends que c'est grave. Je me précipite à l'hôpital et fais irruption dans la chambre étrangement vide, une grappe de soignants penchés sur le lit de Soley, le nôtre évacué dans le couloir pour dégager l'espace. Je tombe à genoux, attrape la main de Soley en pleurant. Il faut presque une heure, et trois médicaments différents, pour qu'elle reprenne conscience.

Après la crise, le Dr B. et notre interne nous demandent de les suivre dans la petite salle de classe vide de l'hôpital. Il nous explique que l'épilepsie peut être causée par la toxicité du méthotrexate, mais aussi par la progression de la maladie. Comme chaque fois que la situation se dégrade, la discussion s'engage plus avant. Il évoque la possibilité que les convulsions ou les médicaments pour les stopper entraînent un arrêt respiratoire. Et si l'épilepsie est bien causée par une progression de la tumeur, Soley ne pourra pas être réanimée et intubée. Je n'arrive pas à y croire. Je proteste en pleurant, leur demande pour qui ils se prennent, exige qu'elle soit intubée si elle ne peut plus respirer. Personne ne parle pendant de longues minutes. Le silence flotte dans la salle de classe, les larmes roulent le long de mes joues. « Nous n'en sommes pas encore là, reprend doucement le Dr B., mais je préfère en parler maintenant, au cas où ça arrive. » J'ai envie de crier : taisez-vous, nous n'en serons jamais là, rien de tout ça ne va arriver, mon bébé ne va pas mourir ! Les jours suivants, je continue à retourner cette histoire de réanimation dans ma tête, cherchant une solution jusqu'à l'incohérence. Comment forcer un médecin à intuber Soley ? Quels mots pour le convaincre, quels textes de loi sur lesquels m'appuyer ? Serais-je capable de le faire moi-même si on en arrive là ? Je cherche sur Internet la procédure d'intubation, où sont situés les instruments nécessaires sur le chariot de réanimation. Je me demande si je suis dans le déni. Je finis par poser la question à la psychologue du service. Elle me répond seulement que les gens qui sont réellement dans le déni ne peuvent même pas envisager cette possibilité.

*

Une semaine plus tard, alors qu'elle passe la nuit avec ma maman pour que nous puissions dormir quelques heures à la Maison des Parents, Soley refait une crise d'épilepsie. Quand le téléphone sonne au petit matin, nous rejoignons la chambre en hâte, mais rien de décisif ne sera fait par l'équipe de nuit. Alors nous attendons l'aube, qu'arrivent les infirmières de jour et les médecins. Une nouvelle fois, Soley nous est ramenée, une nouvelle fois au prix d'immenses efforts. Une nouvelle fois, le Dr. B. demande à nous parler hors de la chambre. Mais cette fois il dit : « Soley est en train de mourir de sa maladie. » Il dit que cela peut arriver n'importe quand maintenant. Qu'elle fera une crise d'épilepsie que nous ne parviendrons pas à calmer, ou bien que la crise s'arrêtera mais que les antiépileptiques causeront un arrêt respiratoire. Nous ne pouvons plus la sauver.

Ce n'est pas la première fois que je discute de la mort de mon bébé avec un médecin. Quatre mois plus tôt, le professeur S. nous avait annoncé que

Soley ne tiendrait plus que quelques semaines. Mais c'est la première fois avec le docteur B., et je ne peux pas écarter ses mots comme j'avais refusé d'entendre ceux des autres. Eux n'avaient jamais cru en Soley. Ils n'étaient pas concernés, avaient sonné la retraite avant le premier coup de feu. Lui connaissait Soley, il s'était battu avec nous, elle lui importait, et dans sa voix, je pouvais entendre le regret et la douleur. Je ne voulais pas le croire, mais j'avais trop confiance en lui pour ne pas le croire. Tous ces mois, nous avions essayé tant de traitements. Doxorubicin, Vincristin, Ifosfamide, Cisplatin, Étoposide, Endoxan, jusqu'au Méthotrexate. Aucun ne s'est révélé être la cure que nous espérions. Bien sûr, il restait la radiothérapie. Soley n'a pas été irradiée, et je lui jette ce dernier argument au visage avec tout mon désespoir. Il me regarde tristement et je comprends que c'est trop tard, que ça fait longtemps que c'est trop tard. Alors je dis : « Je veux être avec elle maintenant », et ils se lèvent immédiatement pour nous laisser sortir de la pièce.

De retour dans la chambre, on nous apporte un rocking-chair et des boissons chaudes. Nous recevons la permission de passer tous les deux la nuit avec elle, premier des passe-droits que l'entrée en soins palliatifs va nous offrir. Nous prenons Soley dans nos bras chacun à notre tour, nos familles viennent la voir, je prends des dizaines de photos tant il semble que nous vivons nos derniers instants. Mais Soley semble aller bien, juste un peu fatiguée par sa crise d'épilepsie. Les jours passent, elle recommence à jouer et à sourire. Quand ses plaquettes remontent, nous reprenons la chimiothérapie. On nous prévient que Soley ne guérira plus, qu'il s'agit maintenant, au mieux, de ralentir l'évolution de la maladie. Je ne réponds pas.

Je dors avec elle dans mon lit et je surveille tous ses mouvements. Je sais que la tumeur grandit et qu'elle peut avoir une crise d'épilepsie à chaque instant. Je la regarde – endormie, apaisée, si belle – et je n'arrive pas à croire qu'elle soit en train de mourir. Je ne sais pas si ce qui bat dans mon cœur c'est de la reconnaissance ou du désespoir, je ne sais pas ce que je dois écrire, dire, ressentir. Je ne sais plus pourquoi prier. Je t'en supplie, ne meurs pas. Ne convulse pas. Sois mon miracle encore une fois. Je t'aime tellement. Je veux ce temps supplémentaire, je veux chaque minute que je peux avoir avec toi, je ne veux plus jamais entendre les mots « votre fille va mourir ». Demain est une autre chance, et je sais qu'on peut vivre longtemps sur un quignon d'espoir.

*

J'ai de plus en plus de mal à communiquer avec les autres. Le cancer était déjà un isolement, le passage en soins palliatifs est une étape de plus. Je ne supporte plus les questions habituelles des autres parents que nous croisons dans la salle à manger. « Alors vous êtes toujours là ? Quand est-ce que vous allez pouvoir rentrer chez vous ? Et la petite, ça va mieux ? Vous avez eu des bons résultats ? » Je ne sais jamais quoi répondre. Je ne veux pas mentir, mais je n'ai pas nécessairement envie de discuter le passage en soins palliatifs de ma fille à cet instant, entre le frigidaire et le micro-ondes, alors que je cherche quelque chose à grignoter en guise de dîner. Et que dire ? Que mon bébé va mourir ? Que nous espérons un miracle ? Que oui, bien sûr, je suis contente qu'elle ne souffre pas, mais que cela ne me console pas – et si c'était leur enfant, est-ce que cela les consolerait qu'il meure sans souffrance ? Mais ce n'est pas leur enfant, bien sûr. Le leur, il va s'en sortir.

Je cherche mes phrases. Je me déteste parce que tout ce que je dis sonne faux. Il me manque les mots justes, le ton exact, et je ne retrouve que les faits, que j'énonce froidement. On s'attend à ce que je sois triste, mais peut-être qu'à cet instant, je vais bien. Peut-être que nous avons eu une super journée, peut-être que je n'arrive pas à croire qu'elle est en train de mourir. Peut-être que je ne veux pas y penser. Probablement que je suis dans le déni. Peut-être que cette vie est juste indescriptible. Les mots sont limités quand on vit dans le couloir de la mort. La communication est un puzzle et toutes les pièces sont devant moi, mais je n'arrive pas à les assembler.

J'essaie différentes combinaisons : l'amour de ma vie est un bébé de dix mois avec un cancer au cerveau métastasé. L'amour de ma vie est belle, forte, et elle va bientôt mourir. Elle peut convulser à chaque instant, alors je dois faire attention et la surveiller tout le temps. Avant, ma vie était parfaite et je me sentais au sommet du monde. Maintenant, ma vie est ruinée et je serais malheureuse pour toujours. Il faut faire en sorte que chaque moment compte car bientôt, tu ne seras plus là. Mais je suis si fatiguée et je voudrais juste regarder un épisode de série pour ne plus penser à tout ça. Il y a exactement deux semaines, on nous a dit qu'elle était en train de partir. Mais nous sommes toujours là et c'est notre vie, même si je n'y comprends rien.

Quand je ne sais plus quoi dire, j'embrasse ses joues rebondies et le creux de son cou, ses petites mains potelées et la plante de ses pieds, je caresse son petit nez et je lui répète qu'elle est ma merveille : « J'ai vu les temples d'Angkor Wat et le Machu Picchu, mais je n'ai jamais rien vu de si beau que toi. J'ai vu les mers des Caraïbes et le sommet du mont Blanc, j'ai vu Venise et Valparaiso, mais tu es la plus belle chose du monde entier. » Jour et nuit, j'attends la prochaine crise d'épilepsie et je suis terrifiée, et désespérée, et énervée, et vide. Elle me sourit et aussitôt, je suis pleine de joie, d'espérance et de bonheur. Je passe d'une émotion à l'autre car notre vie balance entre les extrêmes. La prise de conscience, comme la douleur, vient par vagues, et à chaque reflux, nous essayons de vivre, comme elle le fait depuis le début.

*

Il y a aussi les proches, dont certains qui se révèlent finalement si lointains. Un couple d'amis, des gens avec qui j'ai grandi, viennent nous briser le cœur au moment où nous sommes le plus fragile. Simon est le meilleur ami d'Hadj, mais aussi son associé dans un projet de start-up lancé juste avant la naissance de Soley; Coline fait partie de ma bande de copines depuis le lycée. Pourtant, le jour où j'annonce sur le fil de discussion de notre groupe d'amis que Soley vient de passer en soins de palliatifs, elle répond gaiement qu'elle est en soirée et s'amuse comme une folle. Comme si de rien n'était. Comme si mon bébé n'était pas en train de mourir. Pendant ce temps, Simon harcèle Hadj pour qu'il travaille sur la start up. Alors que Soley est déjà dans le coma, alors qu'il ne lui reste plus que quelques jours à vivre, je le vois encore coder avec acharnement, s'isoler dans la salle de jeux du service pour passer des coups de téléphone. Je voudrais être au-dessus de tout ça, être la mère que rien ne peut atteindre, protégée dans sa bulle, à l'écart du monde. Je sais que les mamans dragons n'ont pas le droit d'être en colère. Elles doivent être dignes, ne pas se plaindre, ne pas montrer du doigt ceux qui les ont déçues ou blessées ; au contraire, rester toujours indulgentes face aux manquements, reconnaissantes pour la moindre attention, et calmes, surtout calmes. Mais je ne suis pas un putain de moine tibétain. Je ne flotte pas au-dessus du lot des autres hommes sur un petit nuage de zen. Je suis juste une personne normale qui traverse l'enfer. La colère me submerge presque complètement, j'ai envie d'aller trouver Simon et Coline, de leur faire du mal physiquement, je leur souhaite le pire, ce pire que nous sommes en train de vivre. L'égoïsme de ceux que nous pensions être nos amis, qui, au fond, n'est probablement que de l'immaturité, je ne peux pas le pardonner. Ce n'est pas seulement un manque de respect envers nous, c'est une insulte envers notre fille, son combat, son existence. À la mort de Soley, ils n'enverront pas de messages de condoléances. Et quand, bien des années plus tard, je croiserai par hasard Coline à une soirée, la haine remontera le long de ma colonne vertébrale comme un frisson, et je quitterai le bar pour ne pas la gifler.

*

Depuis le diagnostic, nous avons rencontré trois psychologues de l'hôpital, deux à Toulouse, et une ici à Curie. Dans l'ensemble, elles ne m'ont pas fait une grosse impression. La première était une blague, nous l'avions surnommée la psy-lencieuse pour sa capacité à nous fixer pendant trente très longues minutes sans poser une seule question. On a demandé à ne plus la voir, et l'assistante sociale nous en a envoyé une autre sur les dernières semaines. Elle était plus amicale (déjà, elle parlait), mais nous échangions surtout avec elle sur nos difficultés avec l'équipe médicale. Avec le recul, que leur manque d'écoute ait été notre sujet principal en thérapie alors que notre bébé avait un cancer en disait long. La psy de Curie est une femme plus âgée qui passe de temps à autre dans la chambre pour parler de toutes sortes de choses, pas toujours en lien direct avec la situation médicale de Soso. La dernière fois, elle m'a demandé : « Pourquoi avez-vous toujours voulu devenir mère ? » Ça semblait un peu bête comme question. J'ai brodé sur les thèmes habituels, je viens d'une famille nombreuse, j'adore les bébés, je me suis toujours beaucoup occupée des enfants des autres, bla-bla-bla. Bien sûr, ce n'était pas la vraie réponse. J'ai eu Soley parce qu'il y avait en moi un vide que rien ne venait remplir, ni expérience, ni voyage, ni amant, ni accomplissement, ni mission. Un vide qui me dévorait depuis l'adolescence. Avant Soley, j'avais une bonne vie, mais cette vie n'avait pas de sens : elle est ma pièce manquante, le pilier qui tient toute la structure, et si je la perds, je m'effondre.

*

Ce soir, j'ai tenté de consoler une maman qui venait d'apprendre le cancer de son fils. Elle était échouée sur une chaise dans la salle à manger, j'étais venue réchauffer mon repas, j'ai eu l'impression qu'elle cherchait quelqu'un à qui parler, mais il est tout à fait possible que ce soit moi qui en aie eu besoin. Quoi qu'il en soit, je l'ai trouvée confuse, hésitante, avec des phrases qu'elle laissait en suspens et que je finissais pour elle. Je crois qu'elle était juste sous le choc. Elle avait eu un entretien avec l'équipe médicale quelques heures auparavant, et on lui avait annoncé le diagnostic. Mais elle ne se souvenait plus de rien – elle m'a demandé si je savais quel docteur allait suivre son fils, et en quoi consisterait son traitement, et quel était le pronostic, et les effets secondaires ? Elle était perdue et terrifiée. Je lui ai promis que ça allait s'arranger. Qu'elle allait rassembler ses forces et prendre ses marques, que les premiers jours et les premières semaines étaient les pires, que bientôt ça irait mieux. J'ai essayé de lui dire que moi aussi, j'avais cru mourir quand on m'a annoncé que ma fille avait une tumeur au cerveau, que je pleurais tout le temps au début. Au moment où elle a levé les yeux vers moi pour me demander, pleine d'espoir : « Et maintenant, elle est en rémission ? », j'ai réalisé mon erreur. J'aurais voulu pouvoir ravaler mes mots, remonter le temps, revenir en arrière et annuler toute cette conversation. J'ai dû avouer du bout des lèvres que Soley était en soins palliatifs, et j'ai vu la stupeur et la déception passer dans ses yeux. Elle n'a plus dit un mot mais son regard me fusillait pour haute trahison. Très vite, elle a trouvé une excuse pour quitter la pièce. Je me suis sentie stupide, disqualifiée. Elle venait d'être déportée dans le monde du cancer, et moi, j'étais la maman d'un bébé en soins palliatifs. J'ai compris ce soir-là que personne ne voudrait plus jamais entendre mon histoire, ou alors pour les mauvaises raisons. Que j'étais devenue un accident de la route, le scénario catastrophe, le pire cauchemar des autres parents, la séquence pathos qu'on raconte pour se faire peur, en se réjouissant secrètement que ça soit arrivé aux autres. Et j'ai battu en retraite jusqu'à la chambre, vaguement honteuse, comme si je venais de faire quelque chose de mal.

*

Nouvelle crise d'épilepsie aujourd'hui. Nous avons besoin d'un miracle. « Miracle », c'est un mot important dans le monde du cancer. Un miracle, ça peut être du déni déguisé: « Nous sommes en soins palliatifs, mais je prie toujours pour un miracle », traduction: ils disent que mon enfant va mourir mais je ne peux pas l'accepter (celui-là, je le connais bien). Prier pour un miracle, c'est un témoignage de foi: je crois en un Dieu qui pourrait, et qui voudrait sauver mon enfant. Mais c'est tout autant une preuve de doute, doute envers l'équipe médicale à qui nous avions confié cet enfant, doute envers ceux-là mêmes qui devaient le sauver et qui ont échoué. Le miracle, c'est le dernier refuge de l'espoir. Trois neurochirurgiens ont refusé de l'opérer, la chimio ne marche plus, la radiothérapie nous est interdite puisqu'elle n'a pas encore un an. Alors que nous reste-t-il maintenant?

Les miracles existent, bien sûr. La science n'explique pas tout. Dans le monde du cancer, tout le monde connaît au moins un enfant en soins palliatifs qui a survécu. Nous avons tous entendu les histoires de guérisons miracles, d'enfants guéris par des médecines alternatives, cannabis, huiles essentielles ou plantes indiennes. Pour d'autres, la foi seule suffit. La Bible dit clairement que Jésus a ramené Lazare des morts après quatre jours au tombeau (quatre jours !). Et tout ce que les sœurs de Lazare eurent à faire, c'est écrire à Jésus : « Seigneur, celui que tu aimes est malade. » Peut-être que Lazare était vraiment très aimé, ou peut-être que Jésus voulait frimer. Dans tous les cas, il répond : « Cette maladie n'est point pour la mort. » Magique. Cette maladie n'est pas pour la mort. Seigneur, celle que j'aime est malade aussi. Et j'ai besoin d'un miracle. Mais quel miracle exactement ? Je me sens toujours un peu mal à l'aise quand je vois des parents endeuillés prétendre que Dieu a répondu à leurs prières (« Notre bébé est désormais libéré de ses souffrances ! Il est guéri au paradis ! »). Vraiment ? Ce n'est pas du tout le miracle que je veux. Mes prières ont toujours été très spécifiques : Ne meurs pas. Ne me quitte pas. Reste avec moi. Peut-être que je manque de foi pour comprendre ce miracle. Peut-être qu'un miracle n'est pas toujours une guérison, peut-être que c'est aussi un peu plus de temps, un peu plus de paix. Peut-être que les miracles ne durent qu'un moment, qu'ils sont juste temporaires. Nous ne savons pas ce qui est arrivé à Lazare après que Jésus ait quitté la Béthanie. Il est à peine hors du tombeau que nous revenons aux pharisiens et à leurs complots. Je voudrais toute l'histoire : il enleva son suaire mortuaire, il retourna chez ses sœurs, ils partagèrent un repas avec Jésus – et ensuite ? Est-ce que si Lazare rechute et meurt la semaine suivante, c'est toujours un miracle ?

Soley se bat depuis sept mois, est-ce là notre miracle ? Le 24 avril, on nous a dit qu'elle était en train de mourir, mais les semaines ont passé et elle est toujours là, endormie près de moi : miracle ? Elle est restée dix-sept jours sans convulsions (miracle), pourtant, elle a eu une nouvelle crise aujourd'hui (miracle annulé ?). Mais ces journées gagnées, cette après-midi ensoleillée au petit jardin de Curie où elle a passé sa main dans l'herbe, personne ne peut nous les reprendre. Alors peut-être que c'était ça notre miracle : un bébé de dix mois sur une couverture rose, avec un chapeau de soleil.

*

À la fin du mois de mai, Soley recommence à convulser. Le cauchemar se répète quatre jours de suite, jusqu'à ce qu'elle soit mise sous Rivotril et Gardenal en continu pour prévenir l'épilepsie ; épuisée, elle tend encore la main pour jouer avec son attrape-rêves, puis tombe dans un léger coma. Ses yeux restent clos en permanence, mais elle est toujours capable de faire des petits mouvements. Parfois, elle attrape mon doigt. Je n'ai pas de mots pour décrire nos échanges, peser ces choses. Elle est très calme et ne semble pas souffrir. On pourrait la croire assoupie, sauf que rien ne la réveille. Au bout de quelques jours, on essaie de la sevrer de ses médicaments. Dans la soirée, Soley entrouvre un peu les yeux, nous reconnaît, tend la main vers nos visages ; nous sommes fous de joie. Mais vingt-quatre heures plus tard, les convulsions reprennent, et il faut la rendormir. Je ne m'effondre pas, continue de fonctionner normalement. Soley est toujours là et elle a toujours besoin de nous. Mais j'ai peur, je suis en colère, je me sens trompée et défaite, déboussolée et désespérée. Je me sens perdue. Je me sens seule. Et jalouse et amère, définitivement. Un soir, dans la salle à manger de l'hôpital, je discute avec une autre maman. Une des chanceuses : son fils est en rémission complète après un neuroblastome, mais le traitement d'entretien le rend agressif et elle me montre une marque de morsure sur sa main. « Je n'étais pas faite pour être mère, me confie-t-elle. On s'est lancés parce qu'après ça aurait été trop tard, mais je ne suis pas tombée folle amoureuse de lui à sa naissance. » Elle me dit que c'est trop dur, encore plus avec le cancer, et qu'elle voudrait pouvoir revenir en arrière.

Et moi, est-ce que j'étais tombée folle amoureuse de Soley à sa naissance ? Je me rappelle surtout avoir été surprise, elle avait un drôle de petit visage et elle respirait très vite. Je n'ai pas su quoi répondre à cette maman. La vérité, c'est que même aujourd'hui, je me sens chanceuse que Soley soit mon enfant, de l'avoir eue, elle spécifiquement, dans la foule des bébés potentiels. Des regrets, j'en ai bien sûr. D'avoir trop tardé avant de l'emmener aux urgences, ces horribles semaines à Toulouse où je sentais dans mes os que la tumeur revenait, et la radiothérapie manquée. Mais aucun regret de l'avoir eue. Je n'aurais pas préféré un bébé en bonne santé, ou un autre bébé. Je vois bien qu'elle est malade, qu'elle ne s'est pas développée comme les autres bébés, mais je m'en fiche qu'elle ne puisse pas s'asseoir toute seule ou qu'elle ait du mal à tenir sa tête. Elle est parfaite pour moi. Je ne veux pas revenir en arrière, je ne veux pas de deuxième chance, je veux juste pouvoir la garder.

Elle m'a tellement changée. Avant son diagnostic, je n'avais jamais pensé qu'un bébé puisse avoir le cancer, mais j'avais comme tout le monde accepté de faire le test pour la trisomie pendant la grossesse. Les résultats étaient normaux, mais qu'aurions-nous fait s'ils avaient été mauvais ? Pourtant, la trisomie, c'est du gâteau à côté de l'ATRT. La plupart des enfants trisomiques peuvent marcher, et parler, et avoir des amis et un travail et une vie parfaitement heureuse. Pas assez parfaite pour nous à l'époque, apparemment. « Qu'est-ce qu'une vie acceptable ? » me revient en tête. Car la vie de Soley me paraît acceptable, même plongée dans le coma telle qu'elle l'est maintenant. C'est une vie sans elle qui semble inacceptable. Sa présence physique, sa chaleur, le grain de sa peau, le tendre soupir de sa respiration, le battement de son cœur, suffisent à me rendre heureuse. Je ferais n'importe quoi, j'échangerais n'importe quelle vie pour la sienne. Je donnerais des peuples pour sa vie, des milliers de petits bébés en pleine santé que j'arracherais à leur mère pour que l'on ne m'arrache pas la mienne, je sacrifierais des armées d'enfants pour toi, je voudrais que cette maman perde son petit garçon pour que je puisse sauver ma petite fille, je voudrais qu'il meure à sa place, et je négocie encore, jusqu'au bout, même le fusil sur la tempe. Nous savons que tu vas mourir bientôt, mais surtout — surtout — ne rien faire pour hâter cette fin, car te tenir dans nos bras, endormie peut-être, mais le cœur battant, c'est encore être avec toi, c'est encore être ensemble, c'est encore vivre, et j'ai tellement peur de ce qui viendra après.

Une semaine avant la mort de Soley, j'écris :

Cet enfant qui n'est pas le mien
Aura le droit de grandir
De sauter sur les lits
De choisir ses habits
De danser pieds nus
De faire le tour du monde
Sous les yeux de sa mère
Inconsciente du miracle
Renouvelé chaque jour.
Pendant que ma fille, la plus précieuse,

N'a jamais touché le sable
N'a jamais goûté la neige
A grandi dans une chambre d'hôpital
Et mourra avant ses un an :
Je ne déteste pas la mère
Ni l'enfant
Car j'étais à leur place, dans quelques vies passées
Mais le déséquilibre de l'univers
Oui, me donne le tournis.

*

Le dernier jour du mois de mai, nous décidons de passer un petit moment sur la terrasse de l'hôpital avec Soley. Au moment où je sens le soleil sur ma peau, où je prends ma première bouffée d'air frais, je réalise que je ne suis pas sortie depuis plus d'une semaine. Je regarde les toits parisiens en contrebas. Le temps s'arrête un instant, un instant seulement. Soudain, la respiration de Soley s'accélère, nous courons chercher son infirmière et nous nous rapatrions immédiatement dans la chambre. Les troubles respiratoires dont Soley souffrait depuis quelques jours viennent brutalement de s'aggraver et on lui repose un masque à oxygène. Le docteur B. la soulève dans ses bras pour l'aider à reprendre son souffle, reste longtemps à lui répéter, les yeux rivés sur elle : « Allez, Soley, allez, respire. » Il ne lui lâche pas la main, il ne démissionne pas, il l'accompagne jusqu'au bout de son chemin. Hadj et moi restons immobiles près d'eux, suspendus aux mouvements de la cage thoracique de notre bébé, comme manquant d'air nous aussi.

Les heures passent et la nuit tombe. Après avoir tout essayé pour aider Soley à respirer calmement, nous devons nous résoudre à la mettre sous hypnovel, une sédation en continu pour s'assurer qu'elle ne souffre pas. Ce médicament va l'endormir bien plus profondément qu'elle ne l'était ces dernières semaines. À partir d'une certaine dose, il peut même accélérer la mort. Je me sens déchirée, parce que je ne veux pas faire le moindre geste qui pourrait retrancher du temps à la vie de Soley, et qu'en même temps, j'ai peur qu'elle souffre, que même dans son brouillard de sommeil, elle ressente le manque d'air, et que cette sensation d'étouffement l'angoisse au moment de mourir. Les doses d'hypnovel que reçoit Soley sont contrôlées par un boitier relié à sa perfusion. On nous rassure en nous expliquant que nous appuierons sur le bouton nous-mêmes, selon l'état de Soley.

Contrairement à ce que je craignais, l'hypnovel ne dégrade pas la situation. Au contraire, Soley finit par se calmer vers cinq heures du matin. Les difficultés respiratoires sont liées à la progression de la tumeur, mais elle continue jusqu'au bout à recevoir quotidiennement la visite de sa kiné et ses infirmières poursuivent les soins comme avant. Elles la massent plusieurs fois par jour pour éviter les escarres ; nous la baignons avec nous dans la grande baignoire, l'embrassons, lui faisons beaucoup de câlins. Nous recevons toujours des visites, même le musicien qui vient tous les mercredis passe lui jouer un morceau dans la chambre. Nous transformons la chambre en atelier de sculpture pour prendre des moulages de ses mains et de ses pieds. Tout le monde continue à parler à Soley et à prendre soin d'elle comme si elle était consciente. Pourtant, nous savons tous que nous sommes en train de vivre ses derniers jours.

Mon deuil est un château de sable. Alors, j'en dresse les murs, l'un après l'autre. Elle est si apaisée, si belle, si aimée. Nous avons tout essayé pour la sauver. Il ne nous reste plus qu'à espérer qu'elle parte dans nos bras, calmement et sans douleur. Mais mes fondations sont faibles et le sable est un matériau friable. Ça ne prend jamais longtemps avant que mon château ne s'effondre et que je ne trébuche sur mes prières. J'essaie d'être en paix, mais j'avance sur un terrain glissant. Chaque fois que j'en attrape une miette, elle m'échappe dans l'instant. Je ne suis pas encore prête à la perdre, je cherche encore et toujours une solution, une façon de rendre les choses acceptables. Mais, quelle que soit la manière dont elle mourra, je ne pourrai jamais l'accepter. Je scrute son petit visage comme une énigme à résoudre. Je cherche un miracle, exactement comme j'ai passé des heures à chercher des médicaments, des chirurgiens, des essais cliniques et des hôpitaux. Pourrait-elle ne pas mourir, ou peut-être revenir sous la forme d'un autre enfant ? Quelqu'un d'autre pourrait-il mourir à sa place, ou est-ce que je pourrais partir avec elle ? Je retourne ces questions dans ma tête, ultimes énigmes que j'échoue à résoudre, comme j'ai échoué à résoudre toutes les autres.

Comment en est-on arrivés là ? J'essaie de remonter le fil. J'ai d'abord été la maman d'un nouveau-né, puis la maman d'un bébé. Le cancer est arrivé et j'ai été la maman d'un enfant malade, puis d'un enfant en fin de vie, et maintenant, la maman d'un bébé dans le coma. La plupart de ces étapes étaient totalement inattendues mais même maintenant, je ne suis pas triste. Elle a eu onze mois aujourd'hui et cela me suffit. Si seulement je pouvais trouver un moyen de la garder ici avec moi. Mon amour pour elle est un puits sans fond. Si je pouvais remonter dans le temps, et qu'on me donnait à choisir un enfant parmi cent, je la choisirais à chaque fois – et si j'avais su chaque épreuve, chaque blessure, chaque nuit d'angoisse, je la choisirais encore, dans toutes les versions de notre histoire. Si je savais comment embarquer avec elle, et traverser avec elle, si c'était notre dernière aventure, je le ferais. Et si je ne pouvais garder d'elle que la chaleur de son petit corps frêle, *skinny love*, et ses yeux clos, et sa respiration lente, et si elle ne se réveillait pas, et que tout ce qui me restait, c'était veiller sur son souffle dans cette petite chambre d'hôpital, cela suffirait encore, et je ne demanderais rien d'autre pour le reste de ma vie.

*

J'ai rencontré beaucoup de soignants. Des soignants qui ont soupiré quand je leur ai posé une question, d'autres qui ont simplement refusé de répondre. Des soignants qui m'ont mise mal à l'aise, des soignants qui m'ont jugée, des soignants qui se sont moqués de moi à cause de mon âge ou de ma façon de parler. Des soignants qui ont haussé le ton, des soignants qui m'ont remise à ma place quand celle que je prenais ne leur plaisait pas. Des soignants qui m'ont fait peur, des soignants qui m'ont fait mal, des soignants qui m'ont dit : « Vous savez avant on débranchait les enfants sans prévenir les parents, alors faudrait peut-être arrêter de vous plaindre. »

Et puis, des soignants qui ont ri avec nous, et pleuré avec nous, qui sont restés bien après leur journée de travail, bien après la tombée de la nuit. Des soignants qui nous disaient en partant : « Ne vous inquiétez pas, je suis de garde cette nuit, s'il y a quoi que ce soit, ils m'appellent. » Des soignants qui nous ont expliqué et réexpliqué les choses quand on ne comprenait pas, ou qu'on ne comprenait plus. Des soignants qui, en partageant notre quotidien, l'ont adouci de mille façons minuscules et inoubliables : des soignants qui m'ont teint les cheveux et qui nous ont fait des gâteaux au chocolat. Des soignants qui m'ont tenu la main, des soignants qui nous ont accompagnés, qui nous ont réconfortés, qui nous ont écoutés et qui nous ont parlé, des soignants pour qui Soley était une personne, pour qui elle comptait, pour qui elle était importante et précieuse. Et quand tout sera fini, dans l'église Saint-Séverin, c'est leur visage que je chercherai dans la foule, et leur présence qui me portera jusqu'au bout.

*

Sur mon calendrier, à la case du 8 juin, je n'ai pas su écrire autre chose que « dodo Soley ». Elle est morte juste avant minuit, onze mois et six jours après sa naissance. Je repense rarement à ses dernières heures, cette dernière journée et cette dernière nuit, nos derniers moments. J'imagine qu'on peut dire : Soley a mis trente heures à mourir. Et d'une certaine façon, on peut même penser qu'elle a mis onze mois à mourir. Mais ce n'est pas réellement ce qui s'est passé. Elle a vécu, tout simplement, toutes ses minutes jusqu'à la dernière. Et aujourd'hui encore, je me demande si c'était vraiment la dernière, tant je l'imagine poursuivre son existence d'une façon secrète.

Après la mort de Soley, nous nous sommes rendus à une permanence de l'association pour parents endeuillés Jonathan Pierres Vivantes, et c'est une des premières questions que nous ont posées les bénévoles. Nous étions assis dans une petite pièce sous les combles, ces deux femmes devant la lucarne ronde, Hadj et moi de l'autre côté de la table, et elles ont demandé : « Est-ce que ça a été brutal ? » J'ai répondu non à l'instant où il a dit oui. Les deux étaient vrais, bien sûr. Je voulais seulement dire que certains enfants mouraient brusquement – d'un accident, d'un suicide, d'une mort subite du nourrisson. Notre bébé était mort après presque huit mois de lutte contre le cancer, plus de six semaines en soins palliatifs, trois semaines dans le coma, et trente heures de ce qu'on appelle peut-être agonie. Sa mort ne nous avait pas pris par surprise. Nous l'avions vue venir de loin. Nous avions eu du temps, peut-être pas pour nous y préparer, mais du moins pour l'envisager. Et jusqu'au dernier jour, notre petit tank s'était battu bec et ongles pour nous donner encore un peu de temps supplémentaire.

L'ironie, c'est qu'au début, je n'ai pas compris que ce temps volé, c'était un cadeau, et presque un miracle. Quand Soley a été diagnostiquée, je n'étais même pas sûre de vouloir essayer la chimiothérapie. À quoi bon lui faire subir tous ces traitements, puisqu'elle allait finir par mourir ? J'ai pensé : c'est un cauchemar, si au moins elle était morte brutalement dans un accident de voiture, nous n'aurions pas à nous torturer sur ces insupportables décisions médicales. Cette vie d'hôpital et cette angoisse lancinante, ces faux espoirs, ces prières qui ne seraient jamais exaucées, tout ça ressemblait à une blague cruelle, un simulacre d'espoir avant une exécution sommaire. Je me méfiais, je ne voulais pas me faire avoir. Mais c'est comme si Soley avait su d'instinct ce que j'avais manqué de courage pour comprendre. Elle voulait vivre. Elle voulait vivre ! Elle voulait vivre comme je n'ai jamais vu personne vouloir vivre. Les mois qu'elle a vécus ne lui ont pas été donnés, elle les a arrachés elle-même à la maladie et à la mort, de ses petites mains potelées.

Le problème avec le temps, c'est que même en mettant chaque petit morceau bout à bout, il n'y en a jamais assez. Le 7 juin dans la soirée, malgré l'hypnovel qu'elle recevait depuis une semaine, Soley se remet à respirer très vite. On nous prévient que c'est la dernière étape, que son cœur ne pourra pas tenir ce rythme très longtemps, que c'est maintenant une question d'heures. Je les redoutais tellement, ces dernières heures. J'avais peur qu'elle souffre, mais aussi qu'elle meure sans moi, juste à la minute où je quitterais la chambre pour aller aux toilettes. J'étais terrifiée de tomber d'épuisement, de me réveiller pour la trouver froide et bleue à côté de moi, comme un petit bébé vampire, et que cette vision de ma fille morte efface tous les souvenirs de ma fille vivante. Je ne veux pas dormir, mais je finis par m'effondrer quelques heures. Quand je me réveille à l'aube, elle est toujours vivante. Hadj et moi la gardons dans nos bras à tour de rôle. Mais Soley respire toujours trop vite, beaucoup trop vite. En fin de matinée, elle fait un premier arrêt respiratoire qui dure plusieurs minutes. Je vois ses lèvres et ses doigts devenir bleus. Le médecin de garde entre et nous dit : « Ça y est ». Je tiens sa main entre les miennes, je pleure et je crie, des mots qui ne veulent rien dire, ou alors juste non, non, ne meurs pas, je ne peux pas vivre sans toi.

Et puis d'un coup, elle revient. Elle se remet à respirer comme si elle m'avait entendue l'appeler. L'étau qui serre mon cœur se relâche d'un coup quand ses lèvres redeviennent roses, les larmes sèchent immédiatement sur mes joues. Mon cœur se gonfle de joie comme la voile d'un bateau. Je n'arrive pas à y croire, je vois bien que le docteur non plus, qui s'excuse en quittant la chambre. Nous faisons de nouveaux câlins, prenons de nouvelles photos. Nous n'avons rien mangé depuis la veille, mais nous avons trop peur de quitter Soley pour aller chercher quelque chose. Les infirmières nous suggèrent de nous faire livrer une pizza en donnant l'adresse de l'hôpital, et nous dévorons sur le lit notre absurde pique-nique.

En début d'après-midi, Soley fait un deuxième arrêt respiratoire. Une deuxième fois, je pleure et j'implore, mais je ne crie plus. Une deuxième fois, elle revient pour moi. Le reste de la journée coule lentement. Finalement, nous l'allongeons sur une couverture entre nous avec ses peluches. La dernière photo de Soley vivante est prise à 21 h 25. Mon visage est appuyé contre le sien, et j'embrasse son épaule ; de la main gauche, je tiens son petit pied. Épuisés, nous nous endormons un moment après, de chaque côté d'elle. L'alarme de son pousse-seringue me réveille à 23 h 30. Je l'éteins, regarde le visage de Soley et tout de suite, je sais qu'elle est en train de mourir. Je réveille doucement Hadj. Ensemble, nous prenons ses mains, nous l'embrassons, lui répétons à quel point nous l'aimons, qu'elle sera toujours notre bébé, que nous ne l'oublierons jamais. C'est un moment très calme, peut-être parce que nous sommes tous à moitié endormis. Il n'y a pas de larmes, et nous n'appelons pas les infirmières. Nous restons juste tous les trois. Les inspirations de Soley s'espacent progressivement, jusqu'à s'arrêter. Il n'y a pas de tremblement de terre ou de coup de tonnerre, pas de cri, pas de sursaut. Juste cette dernière respiration, et le silence alors que nous attendons la suivante, qui ne vient jamais. Sa mort, c'est comme ça que j'imagine la fin de l'automne. La dernière feuille qui tombe de l'arbre, exactement de la même façon que toutes les autres avant elle, en tourbillonnant doucement. C'est seulement quand elle touche le sol qu'on réalise que c'était vraiment la dernière, qu'il ne reste plus rien, qu'on vient d'entrer dans une autre saison.

Un stéthoscope était resté accroché à la perfusion, je le pose sur la poitrine immobile de Soley sans entendre un seul battement. Nous restons suspendus encore plusieurs minutes avant d'appeler son infirmière, Nina. À son tour, elle écoute le cœur au stéthoscope, confirme qu'elle n'entend rien, mais nous explique qu'il faut que le médecin monte dans la chambre pour déclarer officiellement le décès. Quand l'interne arrive, je demande si elle est bien morte, et il me regarde interloqué, tant la question lui semble incongrue. Mais j'ai besoin de l'entendre dire : oui, elle est morte. Cette fois, c'est vraiment fini. Elle ne reviendra pas, nous sommes arrivés au bout de notre stock de miracles.

La cadre de santé est arrivée, nous la suivons dans son bureau. En marchant dans le couloir, j'entends un bruit fracassant : un orage vient d'exploser. Cette femme que nous n'avons jamais vue nous donne des papiers, nous explique des choses dont je ne me souviens pas. En guise de consolation, elle souffle :

« Vous savez, c'est mieux que de souffrir tout le temps. » Notre fille est morte depuis trente minutes et sur son corps encore chaud, on relativise déjà notre tragédie. Je ne sais pas lequel de nous deux répond qu'elle ne souffrait pas. Les années ont passé et je n'ai pas changé d'avis. Être vivant, c'est mieux que d'être mort. Les formalités réglées, on nous demande d'attendre dans la salle de jeux des enfants pendant que ses infirmières s'occupent du corps de Soley. Je ne comprends pas exactement de quels soins il s'agit, seulement qu'on juge préférable que nous n'y assistions pas. On nous propose même de mettre des lits d'appoint dans la pièce pour y passer le reste de la nuit, afin que nous n'ayons pas à revenir dormir dans la chambre où notre fille est morte. L'idée me semble ridicule. Cette chambre d'hôpital, c'est notre maison depuis six mois. Je tourne en rond dans la salle de jeux comme un lion en cage, impatiente de recevoir l'autorisation d'y retourner. Je ressens exactement la même chose que si Soley était partie pour une IRM, je n'ai pas vraiment conscience qu'elle est morte, j'ai seulement hâte de la retrouver. Par les fenêtres, nous regardons la grêle tomber sur Paris. C'est un vrai déluge. Demain, on lira dans les journaux que de nombreuses voitures ont été abîmées. Nous ne pleurons pas.

Enfin, nous retrouvons Soley pour l'habiller avec l'aide de Nina. Nous lui passons la tenue que nous avions préparée depuis plusieurs jours, j'enlève les petites chaussettes marron qu'elle avait aux pieds, et les enfile sur son cochon en peluche. Nous l'installons sur son lit, l'entourons des peluches qui partiront avec elle. Déjà, il faut la descendre à la morgue pour éviter qu'elle ne s'abîme. Nous passons par les souterrains mal éclairés de l'hôpital en poussant son lit à roulettes, la scène m'apparaît sordide, presque inquiétante. J'ai peur de laisser mon bébé avec le préposé, comme j'avais peur de la laisser au chirurgien ou à l'anesthésiste quand elle était vivante. Quelques jours plus tôt, j'avais même demandé à rencontrer son collègue, pour qu'il m'explique ce qui allait se passer et m'assurer qu'ils prendraient bien soin d'elle. Arrivés aux portes de la chambre mortuaire nous avons beaucoup de mal à la quitter, l'embrassons et lui parlons encore. Nina et le préposé à la morgue patientent derrière nous. Je me force à lâcher les barreaux du lit, à reculer de quelques pas. Je lui lance un dernier regard, autant d'excuse que d'appel au secours. Et puis nous remontons dans la chambre, et nous nous écroulons sur le lit.

Le lendemain, comme nous le lui avions demandé, Nina nous réveille très tôt. Nous rangeons la chambre en silence. Tous les vêtements de Soley, tous ses jouets, toutes nos affaires sont empaquetés en quelques minutes. Des mois plus tard, quand je raconterai l'épisode à d'autres parents endeuillés, je verrai leurs yeux s'agrandir. Cette évacuation d'urgence, cette façon de partir comme des voleurs, quelques heures après la mort de notre fille, leur semble d'une immense violence. Certains ont mis des mois avant de pouvoir toucher aux affaires de leur enfant. Sur le coup, je ne réfléchis pas, il faut vider la chambre avant que les autres familles ne se réveillent. Je ne veux pas les croiser dans le couloir, avoir à leur annoncer que notre fille est morte. Au petit matin, mes parents viennent nous chercher en voiture. Nous ne voyons que les soignants, qui nous embrassent et nous souhaitent bon courage. Et c'est ainsi que nous quittons Curie.

*

Quelques jours après, nous sommes de retour, rappelés par les formalités consacrées : cette liste de choses à faire maintenant qu'il n'y a plus rien à faire, démarches qui nous apparaissent à la fois dérisoires et insurmontables. Heureusement, l'assistante sociale de l'hôpital qui nous soutient depuis notre arrivée continue à nous accompagner après la mort de Soley. C'est elle qui nous explique qu'il faut qu'Hadj se mette en arrêt maladie puisqu'il a perdu son statut de parent d'un enfant malade, qui nous trouve un médecin à côté de l'hôpital, qui va jusqu'à nous y accompagner, patientant avec moi dans la salle d'attente. La consultation est rapide, Hadj en sort avec une prescription pour des antidépresseurs qu'il ne prendra jamais.

Un passant me bouscule devant les pompes funèbres et je manque de tomber, il s'éloigne sans un mot d'excuse, j'en reste déboussolée. Après des mois dans le cocon de l'Institut, j'ai du mal à naviguer dans le monde normal, tout me heurte et me semble violent. Nous entrons, patientons derrière une dame âgée venue préparer son propre enterrement comme on réserve une croisière. La discussion se prolonge assez longtemps, curieusement détachée et courtoise. Enfin, nous expliquons que nous venons pour notre fille de onze mois. Je m'attends à ce que l'employé se répande en condoléances convenues, mais il se contente de nous sortir un catalogue de cercueils. Il s'aperçoit que la plus petite taille, celle adaptée aux bébés, n'est plus en stock ; il tente alors de nous convaincre de prendre un cercueil plus grand, normalement destiné aux enfants, explique qu'il suffit de poser une cale à ses pieds pour régler l'affaire. J'ai l'impression de lire une scène d'humour noir, d'être dans un épisode de *La Famille Addams*. Nous hésitons à céder, déjà épuisés, parvenons finalement à refuser. Après plusieurs coups de téléphone, il finit par trouver un cercueil approprié. Restent encore d'autres détails, les poignées, le crucifix à retirer, que sais-je d'autre ; et puis, le transport du corps puisque nous allons enterrer Soley près de Cahors, où il faudra encore trouver un marbrier pour ouvrir le caveau. Tout est long, coûteux, compliqué.

Nous nous rendons ensuite à l'église pour préparer la cérémonie avec le prêtre que j'avais fait appeler au chevet de Soley, quelques jours avant sa mort. Hadj et moi ne sommes pas croyants, mais dans un après-midi d'angoisse, il m'avait semblé absolument indispensable que quelqu'un vienne prier pour elle. Peut-être ces gens savaient-ils quelque chose que je ne comprenais pas, et dans la situation désespérée où nous étions, j'étais presque prête à la faire baptiser. Hadj m'avait regardée, interloqué. Il n'en était pas question. Le prêtre ne s'en était pas formalisé, avait prié pour elle mais surtout pour nous car selon lui, Soley n'avait besoin de rien, il n'y avait pas à s'inquiéter pour elle, ni pour son salut. Lors de cette deuxième rencontre, il nous explique le déroulement de la cérémonie et nous propose des textes, mais surtout nous pose des questions sur elle, son combat contre le cancer, le bébé qu'elle était. Un peu d'humanité qui met du baume sur les plaies vivantes que nous sommes devenus. Il reste à passer à la morgue, juste en face de l'Institut. Je marche vite, impatiente de revoir Soley. Mais quand ils font rouler le petit lit vers nous, je ne la reconnais pas. Un linge roulé avait été placé sous son menton après sa mort pour garder sa bouche fermée, et elle en garde des marques sur le cou qui m'affolent. J'ai du mal à retrouver mon bébé sous ces traits.

Nous lui parlons un peu malgré tout. Pour la première fois, je ne suis pas sûre qu'elle m'entende.

*

L'enterrement de Soley a lieu le 13 juin. Quand j'apprends, presque par hasard, que les cousins de Soley ne seront pas présents pour la cérémonie, je confronte ma belle-sœur. Elle finit par m'expliquer qu'elle doit protéger ses enfants, que cela serait trop violent pour eux. Je pense d'abord que c'est la vue du corps mort de Soley qu'elle redoute, et je lui propose de nous retrouver directement à l'église. Mais rien n'y fait. Il ne faut pas traumatiser les enfants vivants, il faut les garder loin des petits enfants morts, loin de la maladie, loin des couloirs des hôpitaux, loin des chirurgies et des chimiothérapies et des prises de sang et des ponctions lombaires, toutes ces réalités dont j'ai échoué à protéger mon propre bébé. Pour une raison que je n'arrive même pas vraiment à comprendre, cette décision me laisse livide et tremblante. Ce n'est pourtant pas ma belle-sœur qui a tracé cette ligne, si nette et si longue, entre les enfants élevés dans du coton et ceux qui grandissent dans une chambre stérile. Elle s'est contentée de prendre sa place, sagement, du bon côté de la ligne, et j'enrage d'être du mauvais côté.

Au matin, nous revenons à la morgue. La pièce est divisée en deux parties par une sorte de cloison entrouverte, chacun s'approche du berceau à tour de rôle, fond en larmes, repasse de l'autre côté quelques minutes. On allonge Soley dans son cercueil tapissé de tissu molletonné que l'on garnit de peluches, de dessins, d'une photo de nous apportée par la mère d'Hadj, comme si nos doubles sur papier glacé pouvaient la suivre où elle va. Mais tous ces gestes me semblent un peu artificiels, comme si l'on jouait une pièce de théâtre. Je repense à Chloé, allongée dans cette même pièce il y a quelques mois. Elle était magnifique, m'avait semblé vraiment vivante. Au moment où ils avaient refermé son cercueil, j'avais eu envie de hurler. Et j'avais pensé, je ne les laisserai jamais emmener Soley, quand je serai à la place de Maria, je prendrai ma fille et je m'enfuirai. Mais maintenant que c'est mon tour, mon bébé dans la boîte, je ne ressens pas le même sentiment d'horreur. Et le policier en veste de cuir scelle le cercueil d'un cachet de cire rouge, sans que je fasse un geste.

Nous faisons le court trajet vers l'église Saint-Séverin dans le corbillard. Alors que nous sommes presque arrivés, une camionnette bouche le passage. Notre chauffeur sort et apostrophe l'autre conducteur avec un argument imparable, « J'ai un bébé à l'arrière, monsieur ! » Je détourne le visage, gênée, fixe la vitre opposée. Saint-Séverin date du gothique flamboyant, avec une nef très haute et des collatéraux doublés qui lui donnent une grandeur étonnante. Cette démesure me satisfait, je ne voudrais rien de moins pour Soley. Devant le porche il y a déjà beaucoup de monde. Parmi les visages connus et inconnus, je reconnais les soignants de Soley, le docteur B. et d'autres médecins qui se sont occupés d'elle, ses infirmières, Chloé, sa kiné, Sandra, notre assistante sociale, et j'y trouve un réconfort immense.

Le petit cercueil blanc aux poignées d'or est posé au milieu de la travée, entouré de bouquets blancs piqués de tournesols. Hadj allume les grands cierges placés de chaque côté. D'une voix qui ne tremble que très peu, il prend la parole en premier. Il parle de Soley, notre bébé parfait, de leurs promenades matinales en Bretagne, de leurs premiers secrets. Du besoin de Soley d'être tout le temps dans les bras, de sa respiration qui s'apaisait au rythme de nos pas. De notre amour immense qu'elle a emmagasiné pour le délivrer tout au long de son combat contre le cancer. Il parle de notre vie sans elle, qui vient de débuter cinq jours plus tôt, et il dit : « Le plus important reste à venir : faire vivre Soley autour de nous, en nous remémorant des souvenirs et en en parlant franchement. Car elle sera toujours mon premier enfant, indétrônable, qui a fait de moi à vie un père heureux. »

Sa sœur le remplace au pupitre pour lire le psaume 138. Je ne suis pas vraiment croyante mais ces phrases sonnent justes, comme écrites expressément pour Soley. Sur ton livre, tous mes jours étaient inscrits. Recensés avant qu'un seul ne soit. Que tes pensées sont pour moi difficiles, Dieu, que leur somme est imposante. À son tour, ma sœur et un ami d'Hadj récitent en pleurant le poème de Khalil Gibran que nous aimons tellement : « Vos enfants ne sont pas vos enfants, ils sont les fils et les filles de l'appel de la Vie à elle-même… Ils viennent à travers vous mais non de vous. Et bien qu'ils soient avec vous, ils ne vous appartiennent pas. Vous pouvez leur donner votre amour mais non point vos pensées, car ils ont leurs propres pensées. Vous pouvez accueillir leurs corps mais pas leurs âmes, car leurs âmes habitent la maison de demain, que vous ne pouvez visiter, pas même dans vos rêves. Vous pouvez vous efforcer d'être comme eux, mais ne tentez pas de les faire comme vous. Car la vie ne va pas en arrière, ni ne s'attarde avec hier. »

Le dernier texte que nous avons choisi avec le prêtre est lu par ma mère : « Par la mort, la famille ne se détruit pas, elle se transforme, une part d'elle va dans l'invisible. On croit que la mort est une absence, quand elle est une présence discrète. On croit qu'elle crée une infinie distance, alors qu'elle supprime toute distance, en ramenant à l'esprit ce qui se localisait dans la chair. Que de liens elle renoue, que de barrières elle brise, que de murs elle fait crouler, que de brouillard elle dissipe, si nous le voulons bien. Vivre, c'est souvent se quitter; Mourir, c'est se rejoindre. »

La cérémonie me semble belle, mais tout autant teintée d'irréel, comme notre visite à la morgue. Mes yeux ne se mouillent qu'à la fin, au moment où je monte au pupitre pour lire ma lettre à Soley, quand je les tourne vers le petit cercueil pour m'adresser à elle: « Hey *Sunshine*... » Plus tard, en sortant de l'église, remontant la nef aux côtés de ma petite sœur et au son de l'orgue, je vois la foule qui m'attend. J'ai un sentiment étrange, l'impression que quelque chose cloche. Je regarde Hadj dans son costume. Je nous trouve beaux, trop beaux et trop jeunes pour que le sort nous frappe de cette façon, et je pense: il y a eu une erreur. C'est en blanc que j'étais censée remonter cette travée, mes cheveux lâchés devraient être piqués de roses, notre petite fille vivante dans nos bras, nous devrions être en train de prononcer nos vœux au lieu d'enterrer notre enfant. À des années-lumière de cet endroit et de ce moment, juste avant que nous ne basculions dans le monde du cancer, notre mariage était prévu pour ce printemps.

*

Hey *Sunshine*,

Depuis plusieurs semaines, tu étais dans le coma, et tous ces jours où tu avais les yeux fermés, nous n'avons pas cessé de te parler. Dimanche, tu es partie dans un sommeil plus profond encore. Mais j'ai encore tellement de choses à te dire et d'amour à te donner. Heureusement, il nous reste du temps. Car la mort ne nous sépare pas. Je serais toujours ta maman et tu seras toujours mon bébé.

Je t'aime, ma princesse, mon boubou, ma Soso. Tu étais tout ce que j'espérais, mon bébé de rêve. J'ai adoré prendre soin de toi depuis ta naissance. Tous les moments câlins que nous avons partagés. Tes sourires chaque matin quand je venais te désemmailloter et que tu tendais les bras vers moi pour me dire : prends-moi ! Les tétées-câlins où tu louchais vers l'ordinateur quand je regardais une série. Ton petit caractère. Les bains que tu adorais. Les sourires que tu nous rendais. Tes rires et tes babillages. Les promenades en poussette le long du canal du Midi, puis au jardin du Luxembourg, puis au petit jardin de Curie. Ta tête ébahie quand tu as vu un singe au jardin des plantes. La première fois que tu as goûté du chocolat. Les efforts que tu faisais pour te tourner sur le côté, en attrapant les barreaux de ton lit d'hôpital. Quand tu étais tellement prise dans tes jeux que tu t'endormais agrippée à ton mobile. Quand tu écoutais ton papa jouer de la guitare en agitant ton maraca. Et quand tu tendais la main pour effleurer nos visages.

Je t'aime, ma guerrière, ma princesse viking, mon petit tank. Quand on nous a annoncé ta maladie, je me suis sentie broyée. J'ai pensé, pourquoi nous ? Pourquoi notre bébé ? Et à quoi bon se battre ? Mais toi, tu ne t'es jamais découragée. Tu as supporté la maladie et les traitements comme une championne. Ta résistance nous encourageait quand nous devions prendre des décisions difficiles. Chaque jour était un combat. Mais chaque jour était une victoire. Tu as surpris tout le monde par ta force et ton envie de vivre, tu as tout fait pour aller jusqu'au bout de ton chemin. Je sais que tu t'es battue pour nous, tout autant que nous nous sommes battus pour toi. Et je suis incroyablement heureuse pour ces onze mois passés ensemble.

Je t'aime, mon soleil, mon étoile. Tu as renversé notre monde et fait tourner notre univers autour de toi. Tu nous as poussés à rendre chaque moment plus précieux. Comme tu avais moins de temps que les autres gens, tu as tout fait trois fois plus intensément. Tu es un petit bébé mais tu n'as pas eu une petite vie, tu as fait de nous une famille, tu nous as changés pour toujours. J'étais perdue et tu m'as trouvée. J'étais inachevée et tu m'as complétée. Mon amour, au final, il n'y a que deux questions qui comptent : « Ai-je assez aimé ? Ai-je fait une différence ? » et tu n'auras aucun mal à répondre oui à ces deux questions. Ta vie n'a pas manqué de sens. Ton temps sur Terre n'a pas été du temps gâché. L'amour que l'on t'a donné n'a pas été perdu. Et ta mort n'est pas un échec. Même si nous avons essayé de tout faire pour te sauver et que j'avais prié pour un autre miracle : je ne regrette aucun instant, car j'ai eu la chance d'être ta maman.

Je t'aime, mon petit chat. Tu es partie, mais tu es toujours avec moi.

Deuxième partie

Avant la vague

The best-laid plans of mice and men often go awry.
Robert Burns, *To a Mouse*

L'histoire commence toujours par la même nuit, celle où nous sommes passés de l'autre côté du miroir. Soley avait trois mois et seize jours précisément. « Mais de ces trois premiers mois, vous n'avez pas parlé », me fait remarquer ma psychiatre. Bien sûr, pendant ces trois premiers mois, je n'ai pratiquement rien écrit. J'essaie quand même de mettre à jour les éclats de ce temps d'avant. Avant le cancer. Avant la vague. J'y travaille comme un chercheur d'or fiévreux sur un filon surexploité. Si quelque chose remonte à la surface, c'est par bribes seulement. J'ai du mal à me souvenir. La maladie est arrivée si vite dans notre histoire qu'il me semble qu'elle a toujours été là. Il y a une forme de frustration aussi, une déception par ricochet de n'avoir pas assez profité de ces uniques instants de normalité. Qu'avons-nous fait pendant ces premiers mois ? Peu de choses en vérité. Le quotidien avec un nouveau-né est accaparant, et tout aussi facilement, la fatigue prend le dessus. Et que n'avons-nous pas fait ? Quelles opportunités, quelles joies avons-nous laissé passer, qui ne se représenteront plus jamais ?

Je remonte encore le cours du temps. Il ne s'étire pas linéairement mais s'écoule par cercles concentriques. Le jour de notre naissance n'est pas le premier jour de notre vie. Il y a eu neuf mois de grossesse : neuf mois exactement puisque Soley est née le jour du terme. Il y a eu trois années d'amour entre Hadj et moi, dont chacune à sa façon portait déjà en creux la présence de ce bébé. Vivre avant elle, c'était déjà l'aimer, la prétendre, l'espérer. Soley n'est pas, ou ne m'est pas, arrivée par hasard, pour autant que ce soit le cas d'aucun bébé. Et il me semble qu'au moins sur ce point, son père serait d'accord avec moi. Remontons donc. Avant la vague.

« La nuit avant la vague, je me rappelle qu'Hélène et moi avons parlé de nous séparer. » La voix d'Éric Caravaca sur les mots d'Emmanuel Carrère pourrait servir de voix off à notre couple. Je suis assise à côté d'Hadj dans la voiture, avec ce livre audio que j'ai choisi pour nous accompagner en weekend au Mont-Saint-Michel. À l'aller, je pleure. Probablement qu'au retour aussi. Hadj vient de rentrer d'Allemagne où il s'était enfui, moi d'Amérique latine où je m'étais réfugiée ; une fois encore, nous nous sommes perdus et retrouvés, on s'est déchirés et on a recousu les plaies. Une fois encore, on ramasse les morceaux, on remet les cartes sur les tables. Quand on vit dans une maison de verre, personne ne jette pas la première pierre.

La vague sur laquelle Emmanuel Carrère ouvre son livre, c'est le tsunami qui déchire l'océan Indien à la fin du mois de décembre 2004. Une victime parmi des dizaines de milliers, un petit corps désarticulé, celui de Juliette, la fille unique du couple de vacanciers avec lequel Emmanuel et Hélène viennent de sympathiser. Quelques lignes particulièrement justes sur l'injustice du malheur qui frappe au hasard : « Il y a nous, propres et nets, épargnés, et autour de nous le cercle des lépreux, des irradiés, des naufragés revenus à l'état sauvage. La veille encore, ils étaient comme nous, nous étions comme eux, mais il leur est arrivé quelque chose qui ne nous est pas arrivé à nous et nous faisons maintenant partie de deux humanités séparées. » Il leur est arrivé quelque chose qui ne nous est pas arrivé à nous. Deux humanités séparées. Quand ce sera à notre tour de passer de l'autre côté, ces phrases me reviendront comme un boomerang.

Emmanuel et Hélène vivent les premiers « jours d'après » avec les parents endeuillés, jusqu'à les accompagner dans la recherche du corps de leur petite Juliette, dans la crémation, dans le retour en France. À peine l'avion posé sur le tarmac, c'est la deuxième secousse : réplique médicale de la catastrophe océanique, une récidive condamne la sœur d'Hélène, qui s'appelle aussi Juliette. Cette fois, c'est une toute jeune maman. La grande Juliette va mourir, comme la petite Juliette du Sri Lanka, sauf qu'elle, elle le sait, et elle sait aussi que ses filles ne se souviendront pas d'elle. Dans la Ford Fiesta, je pleure toutes les larmes de mon corps. Huit mois avant de tomber enceinte de Soley, ce sont ces histoires en miroir, ces deux images — une petite fille arrachée à ses parents, une jeune femme qui meurt du cancer — qui s'impriment en moi avec une force particulière qu'à ce moment-là, je ne comprends pas.

Avant la vague, donc. Il y a une rencontre qui fait une belle histoire. Celui qui apportait le tonnerre a sonné à ma porte, un soir de printemps. Je ne l'attendais pas, en tout cas, je ne m'attendais pas à ça. J'ai ouvert la porte et je ne suis pas tombée amoureuse, j'ai plongé. Personne ne me croira, peut-être même pas lui, si je dis que, dès cet instant, j'ai su qu'il serait le père de ma fille. Pourtant, tout est vrai, mon cœur qui bat sous mon air impassible et le moment où ça claque dans ma tête : cette fois, ça va être plus compliqué. Le garçon qui vient de sonner est grand, la peau mate, un sourire de loup. Un autre garçon va bientôt sonner à son tour, c'est celui qui partage ma vie depuis sept ans, mon premier amour. Mais je l'ai déjà oublié. En fin de soirée, quand une amie plus jolie et plus célibataire que moi demande à Hadj de la raccompagner, je piétine intérieurement.

Quelques jours plus tard, un voyage en famille à Toulouse ressemble à un clin d'*œ*il du destin. Je lui laisse un message qui se veut détaché, il me fait visiter la ville. En escarpins sur les pavés, je finis pieds nus sous la pluie. À la nuit tombée, le très attendu dernier verre dont je devine déjà qu'il n'étanchera pas notre soif. Il me propose de voir son école, je souris, du jardin japonais nous passons comme il se doit à la petite chambre d'étudiant. Je m'assois sur le lit. Du bout du doigt, il dessine le contour du tatouage sur ma cheville. Quand au matin, il me ramène, cela me fait physiquement mal de voir sa voiture s'éloigner. J'écris en majuscule dans mon carnet vert, TOULOUSE MASSIVE MISTAKE.

Tout va très vite. Je rentre à Paris, je quitte mon copain, Hadj me rejoint quelques jours plus tard. Les amis qui nous ont présentés ne nous voient pas ensemble, le garçon qui était dans ma vie menace et supplie, les filles dans celle d'Hadj en font autant et probablement plus. La distance nous sépare et nous séparera longtemps, puisqu'il étudie à Toulouse et moi à Nanterre, 680 kilomètres que nous comptons et décomptons dès que nous le pouvons. Tellement d'autres choses nous séparent, dont beaucoup que je ne veux pas voir. Peu importe. La réalité cède le pas, cède tout court sous le poids de cette nouvelle passion. Mon cœur loupe un battement quand il entre dans une pièce, ma peau brûle quand il me frôle, et en son absence, j'enfouis mon visage dans ses pulls pour retrouver son odeur. Beaucoup d'adrénaline, une pointe d'endorphine : je marche sur l'eau. Un soir, avant même que nous ne nous soyons jamais dit je t'aime, il pose sa main sur mon ventre et murmure : « Peut-être que mon petit Hadj est déjà là ». Quelques mois plus tard, il me fait livrer un tee-shirt imprimé de deux flèches. La première pointe vers mon visage et indique *: my princess.* La seconde vers mon nombril *: my baby.* Non seulement je ne suis pas enceinte, mais deux années passeront encore avant que nous ne commencions à essayer d'avoir un enfant. Pourtant, ce rêve prend déjà toute sa place.

*

Il est tard mais il y a quelque chose dans la façon dont tu respires quand la nuit tombe, dans la moiteur de ta peau quand tu t'enfonces dans le sommeil, qui m'empêche de fermer les yeux. Je te regarde et je sens mon cœur s'agrandir, se gonfler d'amour comme une montgolfière et sortir de ma poitrine. Il continue de monter vers le ciel et ça fait comme une bulle de lumière dans le noir, jusqu'à ce qu'il prenne sa place parmi les étoiles. À ce moment, je n'ai plus de cœur, mais à la place un trou dans la poitrine et quelques côtes brisées. Ce n'est pas vraiment grave et ça ne fait pas vraiment mal. Mon cœur aura réintégré sa place demain matin quand j'ouvrirai les yeux. C'est comme ça quand il y a un trop-plein d'amour qui déborde. Pour l'instant, je suis comme cette grenouille dans mon livre de SVT de 4e, avec ses poumons hors du corps : je suis en quelque sorte en deux parties. Je pourrais essayer bien sûr de rester entière, de rattraper mon cœur avec mes deux mains, mais je préfère me laisser envahir par ces vagues d'amour que tu pousses vers le rivage sans même t'en rendre compte.

Il faut dire à ma décharge que c'est dur de lutter. Car il y a véritablement quelque chose de magnétique dans ta taille démesurée, quelque chose d'assuré dans la façon dont tu marches au-dessus de la mêlée, dans la façon dont tes yeux et tes lèvres rient par éclats, qui ont attiré mon cœur dès la première fois. Il y a quelque chose dans ta façon de vivre qui ne laisse pas d'alternatives, quelque chose dans la façon dont ton cœur bat qui me laisse sans voix ; il y a quelque chose dans la façon dont tu me prends les mains, dans la façon dont ta peau brûle et tes yeux brillent, qui laisse tout le reste dans l'ombre. Il y a quelque chose qui m'enchaîne dans ta liberté, quelque chose dans ta façon de ne rien lâcher qui me donne envie de tout donner ; quelque chose dans ta façon de te battre qui donne envie de se rendre, définitivement quelque chose dans ta façon d'avancer qui me fait tomber à genoux.

Toi, tu ne te rends compte de rien et tu dors, apaisé comme un enfant. Je vérifie ta respiration en posant une paume sur ta poitrine, je caresse ton dos et je passe la main dans les boucles de tes cheveux. Je murmure *Je t'aime* en me collant contre toi, je te serre dans mes bras mais pas trop fort, pour ne pas te réveiller. Tu prends ma main dans la tienne quand j'effleure ton sexe du bout des doigts, et je souris. Tous ces gestes me rassurent comme autant de petits rituels, car dans la pénombre, il est facile de penser aux choses dangereuses, effrayantes et terribles, qui pourraient nous arriver. Il est facile de penser que d'autres avant nous ont été perdus dans la tempête, que parmi ceux qui ont pris la mer, beaucoup ont été brisés comme autant de coquilles de noix sur les rochers. Et nous-mêmes, nous avons vécu des orages intérieurs forts comme des catastrophes naturelles, dont il me semble que nous n'avons réchappé que par hasard, que c'est presque par miracle que nous avons survécu.

Nous sommes encore vivants pourtant, et tu dors profondément. Comme si tu avais définitivement choisi ton camp, le camp de la lumière et de la confiance, ta petite île brillante au milieu de cet océan de nuit. Je suis près de toi, pourtant, je ne suis pas tout à fait avec toi, car pendant que tes yeux sont fermés, je continue de scruter la mer en me demandant d'où viendra la prochaine vague. Cette inquiétude pèse sur mes épaules comme un manteau trop lourd dont on voudrait se débarrasser, mais qu'on garde quand même car *on ne sait jamais*. Comme si c'est seulement parce que je monte la garde que les monstres ne sortent pas.

Je voudrais tellement pourtant être de ceux qui ne se méfient pas. De ceux qui abandonnent leurs vêtements sans penser au froid qui tombera peut-être, de ceux qui dorment nus sur le sable sans s'inquiéter des vagues. Je voudrais être comme toi, de la race des insouciants, intrinsèquement confiants, magnifiquement inconscients, fils prodigue qui traverse les guerres en chantant. Mais même dans le sommeil, je continue à veiller, je continue à me battre, à m'enfuir, à tuer, à mourir. Dans mes rêves, je ne dors jamais, je guette des ennemis dans des décors couleur rouille, j'égorge l'ennemi au couteau en regrettant de ne pas avoir d'arme à feu, je m'enfuis en courant, en voiture ou à cheval. Dans mes rêves, je n'ai pas le temps de me reposer, je suis perpétuellement en retard, je manque des trains, des rendez-vous et je dois courir pour semer les tueurs qui veulent ma peau. Dans mes rêves, ceux que j'aime me rudoient ou me rejettent, je me dispute avec mes parents ou avec mes sœurs, on me poursuit, on m'attaque, je crie dans la nuit sans jamais être entendue ; je conduis une voiture folle que rien ne peut arrêter, des inconnus m'enlèvent ou me torturent, et je finis par me prendre une balle dans la tête, à genoux dans un marécage boueux.

Puis je me réveille en sursaut, essoufflée, le cœur battant.

*

Je suis absolument obsédée par l'idée d'avoir un bébé. Si je ne tombe pas enceinte très bientôt, je vais finir par en voler un dans un parc. Je ressens pour cet enfant le même désir que pour Hadj la première fois que je l'ai vu : je ne sais absolument pas comment je vais me débrouiller, mais il faut qu'il soit dans mes bras. Être maman, c'est peut-être la seule chose que j'ai toujours voulue. Je ne me souviens pas d'avoir rêvé d'un métier quand j'étais petite, peut-être poète ou activiste, éventuellement politicienne, de celles qui ne gagnent pas d'élections. Mes années d'études supérieures se sont enchaînées sans que j'y réfléchisse vraiment, en tout cas sans idée d'une finalité précise. J'ai fait de l'histoire parce que j'aimais ça et parce qu'il fallait bien faire quelque chose. C'est sur le tard et plus ou moins pour les mêmes raisons que j'ai pensé à l'enseignement. Mais ce que je voulais vraiment, c'était être maman. Je me souviens de toutes ces nuits où je me sentais si seule, de mon abattement à chaque cycle gâché. On m'a tellement répété que j'avais bien le temps, mais le temps pour quoi ? Ce bébé me manque par anticipation.

Je finis par convaincre ma gynécologue de me prescrire un bilan de fertilité. C'est seulement au moment où l'échographe me demande d'enlever le bas que je réalise en quoi consistera l'examen. Il introduit la sonde et regarde l'écran, puis moi, avant de me dire qu'une de mes trompes est bouchée. Tombent les mots que je redoutais : « Ça ne va pas être facile ». Je fonds en larmes comme si on venait de m'annoncer un diagnostic fatal. D'autres examens suivent, plus rassurants ; enfin, j'ai une semaine de retard. Je ne veux pas faire de test de grossesse de peur d'être déçue. À la place, nous partons en vacances à Istanbul. Sur le port, les odeurs de viandes grillées m'allèchent, moi qui n'en mange plus depuis des années, et je commence à avoir des nausées. De retour en France, le dimanche suivant, nous faisons des kilomètres pour trouver une pharmacie de garde. Le test est positif. Hadj est fou de joie. Et moi, sans pouvoir me l'expliquer, j'ai un peu peur. Dans le train qui me ramène à Perpignan, je trouve une boîte de memory. Je la ramasse en pensant : ce sera son premier jouet. J'ai gardé la boîte. Soley ne l'a jamais ouverte.

*

Noël 2012. Nous passons les fêtes en Bretagne et dans quelques jours, j'aurai vingt-quatre ans. J'ai toujours considéré cet anniversaire comme ma date limite personnelle et enfin, ça y est, je suis enceinte ! Je me sens forte et fière, tellement confiante. Comme si rien ne pouvait plus arriver au bébé puisque je suis à la fin du premier trimestre, comme si j'étais en sécurité maintenant. Si je suis encore un peu nerveuse, c'est seulement à l'idée d'annoncer la bonne nouvelle à ma famille, et en particulier mon oncle et ma tante, qui n'arrivent pas à avoir d'enfants. Je ne veux pas les blesser en leur jetant mon bonheur à la figure. Et en même temps, je me rappelle avoir pensé, ce n'est pas comme s'ils ont vraiment besoin d'enfants de toute façon. Ils me semblent si amoureux, si passionnés, avec une vie excitante pleine d'aventures et de musique. Bien sûr, cette réflexion en dit plus long sur moi que sur eux. Je ne saurai jamais si leur vie était aussi remplie qu'elle me semblait alors, mais il est clair qu'à la mienne, il manque quelque chose.

Pourtant, cette grossesse que depuis tellement d'années j'ai anticipée, espérée, fantasmée, inventée, j'en parle très peu finalement. Je la cache à mes camarades de l'université et j'attendrais presque trois mois avant d'appeler une gynécologue, qui me sermonnera copieusement. Je travaille avec acharnement pendant ces neuf mois, partageant mes semaines entre mes cours de préparation du Capes d'histoire à Nanterre et mon master professionnel entre Perpignan et Toulouse. Un matin, en allant travailler, je fais un malaise dans le métro toulousain. Les pompiers m'amènent à l'hôpital : j'ai une côte fêlée et trois jours d'arrêt de travail. Au lieu de rentrer me reposer, je saute dans le train pour Paris, profitant de mon arrêt pour aller en cours à Nanterre. Je m'épuise à suivre un rythme infernal mais quand je marche dans la rue, je chante dans ma tête. Le soir, Hadj me masse le ventre avec de l'huile d'amande douce en parlant au bébé. J'ai l'impression de flotter plusieurs centimètres au-dessus du lit. Alors, c'est ça, le bonheur.

Le jour de la première échographie, je patiente dans la salle d'attente quand une femme s'échappe de la salle d'examen en pleurant. Elle sort son téléphone et se lance dans des explications dans une langue étrangère que je ne comprends pas. Elle sanglote désespérément et je n'arrive pas à la quitter des yeux, jusqu'à ce que la secrétaire vienne la prendre par l'épaule et l'emmène dans une pièce à l'écart. Au même moment, l'échographe m'appelle. C'est mon tour. Et tout en m'installant, je me dis avec une pointe de culpabilité que tout ira bien pour mon bébé car deux malheurs d'affilée dans la même salle d'examen, quelle est la probabilité ? L'échographie se révèle bonne, elles le seront toutes. Après le diagnostic, l'équipe médicale de Purpan demandera à les étudier, mais eux n'ont plus ne distingueront rien sur ces images. Nous ne saurons jamais si la tumeur est bien cachée, ou si elle n'a pas encore éclos. Mais on sait maintenant que la graine du cancer était déjà là, plantée dans le noir.

Je rêve d'une petite fille aux yeux bleus. De retour dans la salle d'attente du cabinet pour la deuxième échographie, je murmure à Hadj que j'ai peur d'être déçue. Et quand l'échographe nous annonce le sexe du bébé, je lui demande de vérifier pour être sûre. Une fille. J'attends une petite fille ! Nous décidons de l'appeler Soley, un prénom islandais qui se prononce comme le soleil, mais qui veut dire bouton d'or. Dans notre entourage, certains tentent de nous décourager de ce prénom trop original. Nous ne les écoutons pas ; pour nous, c'est tout simplement le plus beau prénom au monde.

*

Les convocations du Capes tombent, je passe mes oraux à la fin du mois de juin, quand la date prévue du terme est au 2 juillet. Je parle à Soley, lui explique longuement qu'il ne faudra pas sortir en avance car nous sommes loin de la maison. Elle m'écoute. J'ai le diamètre d'une petite planète, mais je présente mes épreuves debout comme les autres candidats avant de rentrer en train à Toulouse. Soley est ponctuelle : dans la nuit du 1er au 2, les premières contractions arrivent. Le travail durera dix-neuf heures, assez pour avoir l'impression que je vais y rester, assez pour supplier chaque personne passant dans le couloir de mettre fin à mon supplice en me posant une péridurale (la femme de ménage m'indique gentiment que cela ne relève pas de son champ de compétences). Au moment où l'anesthésiste arrive enfin, la femme dans la salle voisine se met à pousser des cris terrifiants : Hadj, qui attend dans le couloir qu'on me pique, s'évanouit presque en pensant que c'est moi qui hurle. La péridurale est une invention merveilleuse, et les dernières heures passent facilement. Nous faisons des selfies et je pique des frites dans le kebab d'Hadj. Quand vient le moment de pousser, la sage-femme n'est pas convaincue. « Vous n'aviez pas pris de cours de préparation à l'accouchement ? » Si, pourtant, quelques-uns, visiblement sans grand succès. On pose enfin Soley sur ma poitrine et un sentiment de soulagement m'envahit. Je l'attendais depuis neuf mois, je l'attendais depuis toujours. Ça y est. Je l'ai distillée goutte à goutte, chair de ma chair, ma pierre philosophale, pour ne plus errer sur les routes, sans boussole, sans étoile. Je me sens sauvée. Je pense : quoi qu'il arrive maintenant, j'aurai toujours mon bébé.

On me demande à qui elle ressemble. Je regarde son minuscule visage, les cernes sous ses yeux fermés, les poings serrés, les petites cuisses. Elle est toute recroquevillée encore. Elle respire très vite, je caresse ses cheveux bruns, ses petites mains aux doigts longs. Je trouve qu'elle ressemble surtout à une grenouille. La sage-femme l'habille d'une main experte, le body, le pyjama, le gilet assorti au bonnet turquoise, le surpyjama. Il fait chaud pourtant dans la nuit toulousaine, mais elle semble bien sous ses couches de vêtements et se rendort paisiblement.

Quelques jours après sa naissance j'apprends que je suis reçue aux oraux du Capes. Ce concours, quelque part, c'est une des premières choses qu'on aura faites toutes les deux. Je demande une année de report de stage pour pouvoir rester à la maison avec elle. Un bébé, un master, un Capes la même année : je me sens puissante, presque invincible. Je poste notre première photo de famille sur Facebook. Hadj rayonne, je souris, Soley recroquevillée dans nos bras. Je plane à dix mille pieds. La chute n'en sera que plus dure.

*

Les premières semaines sont difficiles. Je ne me fâche jamais contre Soley, mais je suis souvent découragée, frustrée, épuisée. Je n'arrive pas à comprendre pourquoi elle pleure autant, je m'en veux de ne pas réussir à la soulager et je lui en veux un peu aussi d'être si difficile. J'ai parfois l'impression d'avoir donné naissance à un minuscule dieu vengeur ou un adorable dictateur. Quatre heures du matin, Hadj et Soley dorment profondément. Le premier allongé à mes côtés, la deuxième sur moi : car elle ne s'assoupit que si on la prend dans les bras, et deux ou trois heures d'affilée seulement. Je ferme les yeux, je somnole un peu, jusqu'à ce que je sente quelque chose sur ma jambe. C'est une araignée qui court vers mon genou. En temps normal, je ferais un bond. Mais je suis tellement fatiguée et j'ai tellement peur de réveiller Soley que je me contente de bouger doucement la jambe. L'araignée s'enfuit entre les plis du drap. Tant pis. Je voudrais dormir pendant des années. Ou au moins une nuit complète. Mais je n'ose pas : une nuit, je me suis écroulée de fatigue, et quand je me suis réveillée en sursaut, j'ai retrouvé Soley à plat ventre, le visage contre le drap, un oreiller de part et d'autre de sa petite tête brune. Je l'ai crue morte étouffée, je l'ai retournée brusquement. Elle dormait profondément. Pourtant, mon cœur a continué à battre très fort, longtemps.

C'est un bébé qui crie beaucoup. Quand on veut la coucher dans son berceau, dès qu'on arrête de la porter, quand on la sort du bain, ou quand je lui fais ses cataplasmes d'argile. Des grosses crises de larmes qui la rendent toute rouge, qui tordent son visage comme celui d'un petit démon. Parfois, elle crie pendant des heures et j'ai envie de pleurer moi aussi.

Elle ne se calme qu'au sein, qu'elle réclame tout le temps, et qu'elle tète fort jusqu'à me faire saigner. À chaque fois que sa petite bouche s'approche de moi, mes épaules se crispent. Comme elle ne prend pas assez de poids, je dois aussi tirer mon lait pour lui donner en complément. Je passe donc mes journées à allaiter, enfermée dans la maison à cause de la canicule. Plus d'une fois, j'ai envie de jeter l'éponge et d'envoyer Hadj acheter du lait artificiel, mais quelque chose me retient. Voilà pour notre premier mois.

Heureusement, au bout de quelques semaines, Hadj couche Soley dans son berceau et, soit qu'elle ait senti dans ses gestes une détermination qui manquait aux miens, soit que l'alignement des planètes ait été extraordinairement favorable, elle se met à mieux dormir. À peu près au même moment, l'allaitement se met en place. Je n'ai plus mal désormais, au contraire : je porte Soley en écharpe, je la nourris, elle s'endort contre ma peau, pelotonnée sous mon sein, soupirant de satisfaction. Tout mon corps est tourné vers elle, comme façonné pour elle, je ne me sens plus femme ni amante, mais uniquement mère : je suis toute à elle. Je lis quelque part qu'il faut plusieurs mois au bébé pour comprendre que sa mère est une personne distincte et non pas une partie de lui-même. Soley n'a pas atteint ce stade, probablement que moi non plus. Maintenant qu'elle est là, je n'arrive même plus à imaginer avoir un deuxième enfant, puisqu'on ne pourra jamais faire mieux. Elle me comble si complètement, si parfaitement, si absolument, et en retour, je lui donne tellement, toutes mes réserves d'amour accumulées. Je la regarde et je sais que je ne serai plus jamais vide. Alors je murmure à son oreille : « Tu es le bébé de ma vie ».

J'adore m'occuper d'elle, je trouve une satisfaction extraordinaire dans les soins du quotidien, la toilette, l'habillement, le pliage des petits vêtements en piles rangées que j'étiquette soigneusement. Je suis si contente d'être à la maison et je plains les mamans qui retournent au travail après leur congé maternité. Peut-être que j'ai complètement tort et qu'elles sont ravies de reprendre leur poste. Moi, je regarde mon bébé de dix semaines en pensant : je ne pourrais jamais te laisser. Son père est tout aussi fou d'elle et quand il rentre du travail, elle le couvre de sourires. Un soir, nous nous rendons tous les trois à un atelier de massage pour bébés. Il doit y avoir cinq ou six autres familles avec nous. Tous les bébés se laissent manipuler avec plaisir par leurs parents sauf un : Soley, qui hurle à la mort. Elle a toujours tendance à pleurer en soirée, mais en l'entendant ce soir-là, on penserait qu'on l'écorche vive au lieu de la masser. Malgré la fureur de Soley, la sage-femme continue à lui passer du baume en chantonnant.

Elle nous dit de ne pas nous inquiéter, mais je suis dépitée. Je me sens en échec comme chaque fois que Soley pleure en public. En sortant du cabinet, Hadj, tout souriant, se tourne vers moi : « Tu as vu ces autres bébés comme ils étaient mous ? Au moins, la nôtre, elle a du caractère ! » Cette fierté insolite me prend par surprise, je ris malgré moi.

Une semaine à peine avant son diagnostic, j'emmène Soley chez la pédiatre pour sa visite médicale des trois mois. Sur le carnet de santé, elle écrit : « 5 kg 250, 59 cm. Examen normal ». Dans quelques jours, on nous apprendra que notre bébé a une tumeur de trois centimètres dans la tête, et nous passerons avec elle de l'autre côté du miroir.

*

Si je pouvais écrire une lettre à la Chloé de 2013, je lui dirais : Prépare-toi. L'amour que tu attendais depuis si longtemps va arriver, et tu penseras qu'il durera toujours, mais ce ne sera pas le cas. Profite de cette grossesse, prends le temps. Cette enfant passera la moitié de sa vie à l'intérieur de toi, alors il faut que ces jours comptent. Je lui dirais, concentre-toi complètement sur elle quand elle sera là. Je sais que tu seras épuisée les premières semaines, mais ne lui en veux pas d'avoir tellement besoin de toi. Même si elle demande le sein en permanence, même si elle ne dort pas la nuit. Essaie d'absorber chaque minute et arrête de te prendre la tête sur ce stupide mariage (indice : il n'aura jamais lieu). S'il te plaît, prends plus de photos de ces trois premiers mois.

Je lui dirais qu'une nuit elle se mettra à pleurer et que malgré la fatigue, il faudra se lever et aller la chercher dans son berceau. Berce-la longuement, pour qu'elle sache que tu es là, que tu seras toujours là. Et quand elle vomira le lendemain, n'attends pas si longtemps avant d'aller à l'hôpital. Ton instinct ne se trompe pas, c'est grave. C'est très grave.

Tu sauras exactement à quel moment ton monde va s'effondrer, et tu sauras aussi que ton enfant ne vivra pas une longue vie. Mais bats-toi quand même, bats-toi dès le début. Ne te laisse pas intimider par les médecins. Ils n'en savent pas plus que toi, même s'ils prétendent le contraire. Et je sais que l'idée de mettre ton bébé de trois mois sous chimio te terrifie mais elle te surprendra. Elle est plus forte que tu ne l'imagines. Et toi aussi.

Je pourrais lui dire : n'oublie pas qu'il y a d'autres relations dans ta vie, d'autres gens qui existent hors de cette bulle incassable que tu as soufflée autour de vous. Je pourrais te demander d'essayer d'être plus compréhensive et plus douce avec eux, mais je sais que tu fais déjà de ton mieux et qu'il ne te reste plus rien à donner. Alors, à la toute fin, quand la poussière retombera, il faudra aussi que tu apprennes à être en paix avec ça.

Je lui dirais : elle sera ton petit miracle, et elle sera aussi ton scénario catastrophe, et à vous deux, vous dénicherez de la joie dans chaque jour, jusqu'au dernier.

Mais peut-être que je ne lui dirais rien du tout. Peut-être qu'il vaut mieux qu'elle n'en sache pas trop. La meilleure façon de ne pas se perdre, ça reste de ne pas savoir où on va.

Troisième partie

L’histoire dans ta tête

I’ll be a story in your head, but that’s okay. We’re all stories in the end. Just make it a good one, eh ? Because it was, you know, it was the best.

Doctor Who

Alors que Soley respirait encore, il nous avait fallu décider ce que deviendrait le petit corps de notre fille quand elle l'aurait quitté. Inhumation ou crémation ? Nous avons vingt-cinq ans, je ne me suis jamais posé ces questions, même pas pour moi. Et pourtant, il faut donner une réponse. Nous choisissons de l'enterrer dans mon caveau de famille, dans un petit cimetière du Lot où je jouais enfant. Au moment où nous en passons les grilles, je suis frappée par une pensée incohérente, c'est-à-dire une pensée magique : je me dis que nous avons bien choisi, car si la science parvient à trouver un moyen de ressusciter les morts, ceux qui ont été incinérés ne pourront en profiter. Et à cet instant, c'est une pensée qui me semble raisonnablement logique. Dans ce nouveau monde sans Soley, ce qui fait sens n'est plus évident.

En rentrant de l'enterrement, je tombe brutalement malade. Le médecin venu m'ausculter en pleine nuit suspecte une appendicite et m'adresse aux urgences. Ma mère m'y conduit, pliée en deux, la peluche de Soley serrée contre moi. L'infirmier qui fait mon entrée inscrit sur mon dossier d'observation médical : « Contexte actuel difficile, décès de sa fille âgée d'un an des suites d'un cancer ». On me pose des antalgiques et des antiacides gastriques, et je patiente des heures avant qu'un médecin ne passe la tête dans le box où je suis allongée. Quand je lui demande si j'ai l'appendicite, si je dois aller au bloc, il grimace et répond vaguement : « À votre avis ? » Il propose de m'envoyer un psychiatre, « étant donné la situation… les circonstances ». À ce moment-là, je suis prête à m'arracher la perfusion moi-même pour m'enfuir de l'hôpital. On me diagnostique un ulcère causé par le stress et la dénutrition. En sortant de Curie, je pèse quarante-deux kilos. La douleur revient régulièrement plusieurs nuits par semaine, toujours entre deux et trois heures du matin. Réveillée au plus noir de la nuit, nauséeuse, je prends l'habitude de me rouler en boule sur le flanc et d'attendre que ça passe. D'où me vient cette douleur, la précision de cette répétition ? Ce n'est pas l'heure où Soley est morte puisque son cœur s'est arrêté un peu avant minuit. Je pense alors à la nuit du diagnostic, le moment où on nous a annoncé qu'elle avait « quelque chose » dans le cerveau. Est-ce que mon corps rejoue nuit après nuit la scène de notre basculement vers le monde du cancer ? L'élancement dans mon ventre durera des mois, avant de disparaître brutalement.

Cet unique symptôme mis à part, je vais beaucoup mieux physiquement. Après des mois d'enfermement à l'hôpital, je sors, je mange, je reprends du poids et des couleurs. Nous sommes retournés en Bretagne, dans cette maison où Soley a passé son premier mois de vie, dans cet endroit où nous avons appris à la connaître, exactement un an plus tôt. J'invite des amies, je monte à cheval, je fais du yoga, je vais à la plage ; je ne pleure que rarement, je ne porte pas le deuil, c'est le deuil qui me porte. Je ressens son absence comme un membre fantôme et je pense à elle absolument tout le temps, du moment où j'ouvre les yeux à celui où je m'endors. Je pense à elle en continu, en sourdine, par réflexe. Je pense à elle comme je respire, je la vois dans chaque enfant qui joue. J'ai gardé son cochon en peluche, et maintenant, je tiens les pattes en tissu dans mes mains en prétendant que ce sont ses petits pieds. Je n'ai que son nom à la bouche : je suis sûre que Soley aurait adoré la baignade, je lui aurais mis des petits brassards et elle se serait accrochée à mon cou, elle aimait tellement l'eau ; si Soso avait été là, nous l'aurions promenée en vélo. Un soir, je pleure parce que je l'imagine dans sa tombe, toute seule, et j'ai peur qu'elle ait froid.

Le paradoxe de sa perte me désoriente. J'avais un bébé, je ne l'ai plus, et pourtant, je l'aurai toujours ; elle n'est plus là, mais elle n'est pas ailleurs non plus.

En la perdant, je me suis tellement perdue. Mon identité, si bien construite autour d'elle, se floute et vacille. J'étais une mère, la mère d'un bébé malade, enfin la mère ultime ; sans métier, sans autre activité ou responsabilité, uniquement occupée et préoccupée d'elle, satellite satisfait du soleil de ma vie. Je repense à la façon dont les infirmières, qui ne pouvaient retenir le prénom de tous les parents du service, nous désignaient par celui de nos enfants. Pour beaucoup de gens du 5e étage de Curie, j'étais « maman Soley », et cette liquidation identitaire était douce à mon cœur. Maman Soley, c'était parfait. Je savais qui j'étais quand j'étais sa mère, je ne sais plus qui je suis maintenant que je ne materne plus qu'un souvenir. C'est la cruauté supplémentaire de perdre son enfant unique. Est-ce qu'on compte encore comme des parents quand on m'a plus d'enfants vivants ? Est-ce que je suis encore une maman ?

D'ailleurs, on ne me parle pas d'elle. Les gens que je croise évitent d'aborder le sujet, et semblent mal à l'aise quand je prononce son nom. Parfois, un regard, une embrassade un peu appuyée signalent tout de même que quelque chose est arrivé. J'ai des vagues d'affection pour les rares personnes qui arrivent à prononcer « Toutes mes condoléances ». Le plus souvent : rien. Trois semaines après avoir enterré ma fille, on me demande si je passe de bonnes vacances, comme si rien ne s'était passé. Je voudrais simplement qu'on me dise : « Je suis désolé, c'est horrible, c'est tellement injuste. » Je voudrais qu'on me demande à voir les photos, qu'on me dise que ma fille était belle, qu'on s'intéresse à elle, au bébé qu'elle était, aux choses qu'elle aimait, à la façon dont elle a vécu et à celle dont elle est partie. À la place, ce sont les mêmes phrases creuses qui reviennent, pour évacuer le sujet. « Il faut prendre le temps de faire son deuil ». Évoquant le travail qu'il va bien falloir reprendre, ou dans mon cas, prendre, puisque je vais commencer à enseigner à la rentrée : « Ça vous occupera, ça vous changera les idées ». Il est essentiel que ce deuil soit fait car notre tragédie dérange. Il faut reconstruire, vivre, survivre, pour rassurer notre interlocuteur. Alors au lieu d'évoquer mon bébé, le vrai, l'unique, l'absent, on me parle beaucoup de cet autre bébé : le prochain bébé, le bébé arc-en-ciel censé guérir notre peine. Que ce bébé hypothétique puisse être aussi malade que sa sœur ne semble effleurer personne ; que nous ne voulions pas d'un autre enfant, encore moins.

Si j'étais veuve, est-ce qu'on m'encouragerait de la même façon à trouver au plus vite un nouveau mari ? Et si je perdais mon père ou ma mère ? Est-ce que la vie de ma fille était moins précieuse qu'une autre, moins marquante, moins importante, parce qu'elle n'a duré que onze mois ? Est-ce que c'est ça qu'ils se disent, petit bébé, petite perte ? Qui comprendra que ma perte est immense, que ma blessure est inguérissable, sa présence irremplaçable, notre amour sans équivalent ? Que nous ne voulons pas d'un nouveau bébé, que c'est elle que nous aimons, que nous adorons, que nous avions désirée, qui nous a comblés et qui maintenant nous manque à chaque instant. Que leurs enfants à eux, qu'ils tiennent sur leurs genoux, bien vivants et bien portants, ne sont pas différents de notre petite fille. Qu'elle aussi était en pleine santé juste avant d'être malade. Que ce qui nous est arrivé peut leur arriver aussi, que tous les enfants peuvent avoir le cancer ou se briser le cou, qu'il n'y a pas d'assurance ni de carte joker. J'ai envie de crier : les choses terrifiantes qui rampent dans nos failles, les cellules mutées, les plaies ouvertes ne disparaissent pas parce qu'on tourne les yeux ! Bien sûr, ils savent que les enfants peuvent mourir, que chaque jour, il en meurt même des cohortes. Je le savais aussi avant d'être concernée. Des milliers d'enfants qui meurent de faim, de pneumonie et de diarrhée, des enfants qui rampent dans la poussière vers les camps de la Croix-Rouge, le front au sol, au bord de l'inanition, les bercements de leur mère, leurs petits gémissements aigus. Mais pas les nôtres, pas ici. Pas maintenant. Je savais déjà que le monde n'était pas juste, mais c'est vrai que ma petite portion de monde l'était. Je cherche des chiffres. En France, quatre enfants sur mille seulement décèdent avant leur premier anniversaire. Zéro virgule quatre pour cent. Presque rien. Une poussière. Et dans cette poussière, ma fille.

*

Il me reste beaucoup de questions, et une vie pour me les poser. Je me demande ce que ça fait de mourir. Est-ce que tu l'as senti venir ? Est-ce que tu pouvais encore nous sentir près de toi ? Est-ce que j'aurais pu te sauver ? Est-ce que la radiothérapie aurait suffi à te guérir ? Est-ce que tu as eu mal, est-ce que tu as eu peur ? Est-ce que tu t'es sentie mourir ? Et où es-tu maintenant ? Es-tu en train de jouer quelque part, dans un nuage baigné de lumière et de félicité, en attendant nos retrouvailles ? Je ne sais pas comment te représenter dans cet ailleurs hypothétique. Es-tu guérie, sauvée, changée ? As-tu onze mois pour toujours, ou vas-tu continuer de grandir ? Et qui s'occupe de toi ? Qui te porte, te berce, te lave, t'habille, qui t'embrasse ? Si tu n'as pas besoin de soins, es-tu toujours un bébé ? Ou es-tu transformée, un esprit en suspens, une conscience flottante ? Est-ce que tu penses à nous ? Est-ce que tu as été contente que je sois ta maman ? Je pense à cet endroit dont tout le monde parle, mais que personne n'a jamais vu, et qui ressemble beaucoup à un espoir de pacotille, un lot de consolation pour ceux qui ont tout perdu.

Mon téléphone sonne alors que je suis en train de mettre sous plis des cartes de remerciements pour les témoignages de sympathie reçus après les obsèques. Au bout du fil, une commerciale de la société de photographie qui avait réalisé les portraits de naissance de Soley à la maternité. Le ton est enjoué et le discours est rodé : « Bonjour, Madame ! Soley vient de fêter son premier anniversaire, nous vous proposons de faire une séance photo pour cette occasion ! » Je réponds immédiatement : « Non, elle n'a pas fêté son premier anniversaire. En fait, elle est morte. » La commerciale s'excuse platement, je raccroche. Je continue de mettre les cartes dans les enveloppes. Ma main tremble un peu.

J'ai peur d'ailleurs d'oublier des détails précieux, de ne plus me souvenir exactement de son poids dans mes bras ou de l'empreinte de sa main autour de mon doigt. Déjà le doute s'installe, déjà son odeur m'échappe. Je ne crois pas avoir vu de photo d'elle intubée – sur celles de son passage en réanimation, elle a un tube dans chaque narine, mais rien dans la bouche. Je ne pense pas l'avoir vue intubée, mais je ne suis pas sûre. Nous n'avons pas de vidéos d'elle au réveil, qui à peine désemmaillotée lève un bras, puis l'autre, pour s'étirer comme un chat. Ce souvenir-là n'est que dans notre mémoire, fragile, incertain, potentiellement perdu. Moi qui aurais dû archiver sa vie, fixer chaque moment, je me rends compte que tellement de bribes qu'il m'appartenait de sauvegarder sont déjà perdues. J'ai peur d'oublier un seul détail, quand seule la somme exacte de tous ses fragments pourrait nous la ramener.

Signe : ce qui est signé, signifié. De manière littérale, sémaphore signifie « porter un signal ». Je m'en rends vite compte, les parents endeuillés cherchent partout des traces de l'enfant mort : dans un papillon, dans un arc-en-ciel. Dans le chant d'un cardinal, dans une pièce de monnaie tombée par terre, semée comme un caillou par un petit poucet invisible. Dans une ampoule qui clignote, un parfum particulier, une plume blanche qui tombe à leurs pieds, dans une chanson qui passe à la radio. Je veux y croire, sans vraiment y arriver. J'aime regarder les photos, me rappeler des événements et des détails, les parcourir et les trier : nous en avons pris littéralement des milliers après le diagnostic. Je repense au mot de la photographe américaine Nan Goldin, qui s'était lancée dans cet art après le suicide de sa sœur en se disant qu'elle ne perdrait plus jamais personne si elle les photographiait assez : « Mais maintenant, mes photos ne me montrent que ce que j'ai perdu. »

Un soir, alors qu'il est déjà tard, je décide de sélectionner toutes celles où Soley sourit pour en constituer un dossier à part. Je trouve 174 photos, la dernière datant de mi-mai. Elle est allongée sur le lit d'appoint de l'hôpital, elle porte un body rose pâle.

Son rat en peluche est couché sur son ventre, une petite figurine de singe qu'elle vient de lâcher est tombée près de sa main. Elle ne regarde pas l'objectif, mais vers l'angle droit du cliché ; je ne me rappelle plus qui d'Hadj ou de moi tenait l'appareil, lequel l'a fait rire pour la photo. Tout rit dans son visage : sa bouche grande ouverte, tout autant que ses yeux. Je glisse cette dernière image dans le dossier avant d'aller me coucher. Il est déjà deux heures du matin. À l'instant où je me couche, un énorme orage éclate qui réveille Hadj. Alors, nous nous regardons dans le noir, et à cet instant, nous pensons exactement à la même chose.

*

Moins de trois mois après la mort de Soley, il me faut commencer à travailler sous peine de perdre mon Capes d'histoire. Je n'ai jamais enseigné, alors j'apprends sur le tas, à l'instinct ou à l'aveugle, je compense par les apparences l'aplomb dont je manque, je travaille beaucoup et même trop. L'année se passera globalement bien, avec les élèves surtout, qui m'amusent, m'inspirent, m'agacent et m'impressionnent, me remettent en question autant qu'ils me questionnent. Je trouve les lycéens plutôt drôles, intéressants, spontanés, pleins de vie et d'énergie, et je crois qu'ils m'en transmettent. Je les taquine, je les houspille, avec eux, je suis parfois en colère, mais jamais triste. Le jour où la déléguée de classe prend la parole pour présenter à ses camarades une récolte de fonds contre la leucémie, le couplet sur les enfants malades ne me tire pas une larme. Quand j'enseigne, toute mon attention est sur mes élèves, je ne pense pas à Soley. De leur côté, je crois qu'ils tomberaient de leur chaise s'ils apprenaient que je viens de perdre ma fille. Du haut de mes vingt-cinq ans, peuvent-ils même m'imaginer maman ?

Et puis, il y a les collègues. Je me lie d'amitié avec deux jeunes profs également en début de carrière, mais j'ai parfois du mal à m'intégrer avec le reste de l'équipe. J'ai choisi de les prévenir que je viens de perdre ma fille, parce que ça me semble juste impossible de faire comme si de rien n'était. Le collègue en charge de mon tutorat, assez froid, blanchit face à l'annonce : « Je préfère que nous gardions des relations strictement professionnelles. » Je reçois peu de soutien, et une palette de réactions qui va de l'indifférence à l'hostilité. Je ne m'attendais pas à grand-chose, mais pas à ça non plus.

La nuit, quand je me sens trop vide, je me relève pour corriger des copies pendant que tout le monde dort. Si Soley avait survécu, je ne serais jamais devenue prof, mais, si elle avait survécu, je n'aurais pas eu besoin de me trouver un nouveau but non plus. Et si j'aime enseigner, le travail dévore mes journées quand j'aurais tellement besoin de temps pour moi. Pourtant, je tiens le coup et je ne m'écroule pas, moi qui pensais ne pas pouvoir lui survivre. Alors, j'ai l'impression de ne pas faire mon deuil correctement. J'imagine qu'à ce jeu, je ne peux pas gagner.

*

Nous avons toujours son lit à barreaux blanc dans notre chambre. Il est resté près de la fenêtre, juste à côté du nôtre. Tout y est : ses coussins hiboux, sa poupée blonde, ses peluches, son mobile et même son joli tour de lit dont je vérifiais chaque soir les attaches de peur qu'il ne l'étouffe en lui tombant sur le visage. Oui, tout y est, sauf elle. Mais de mon lit, je ne vois pas le fond du berceau. Alors je peux jouer à imaginer qu'elle est toujours dedans, qu'il suffirait que je me lève pour pouvoir la voir, la toucher, qu'elle tournerait son visage vers moi et qu'elle me tendrait les bras. Je me berce d'histoires comme si j'étais mon propre enfant : il était une fois, un bébé qui ne serait pas mort. Un bébé qui aurait guéri. Elle dormirait, allongée sur moi, comme une petite poupée de chiffon. Je respirerais le duvet qui aurait repoussé sur le haut de son crâne. La scène est si réelle que je peux presque toucher sa peau du bout des doigts. Le problème avec cette absence, c'est que nous l'aimons toujours ; et alors que faire de tout cet amour ? Nos baisers, nos caresses, nos câlins sont comme une rivière de tendresse endiguée. On dirait qu'elle ne serait pas morte. On dirait qu'elle serait toujours là. La nuit, je m'approche du petit lit blanc et je prends le cochon en peluche. Je l'allonge à côté de moi, dans le creux de mon bras, je prétends que c'est elle. La dernière fois que j'ai vu son corps, à la chambre funéraire, il était froid et dur, et je l'ai reconnu, mais ce n'était pas elle. J'imaginais que la mort ressemblerait un peu au coma, à ces semaines où, même endormie, sa présence n'avait jamais faibli. Elle rayonnait toujours, immobile mais vivante, si évidemment vivante, si paradoxalement consciente, et sa magie était encore palpable. Mais elle a cessé de respirer et quelques heures après, il n'en restait déjà plus rien, comme si la mort l'avait dispersée d'un seul souffle.

*

Un matin d'octobre, quatre mois après la mort de Soley, Hadj prend la voiture et disparaît. Pendant plus de vingt-quatre heures, je n'ai aucune nouvelle. J'essaie de le joindre par tous les moyens mais son téléphone est sur répondeur et son compte Facebook désactivé. Plus tard, j'apprends qu'il a laissé une lettre à sa mère mais à moi, pas un mot. Cette fois encore, je n'ai rien vu venir. La veille, nous étions allés à notre cours de danse de salon, tout semblait normal. Nous étions gluants de deuil comme nous l'étions depuis la mort de Soley, mais pas pire que d'habitude et peut-être même mieux. En tout cas, j'avais réussi à m'en convaincre. Ce matin-là, comme tous les autres, je m'étais levée tôt pour aller au lycée. Hadj était resté à la maison, il ne travaillait plus depuis que nous avions quitté Toulouse pour Curie. Je l'ai imaginé étendu dans un fossé sur le bord d'une route, et le choc de sa disparition a été comme un petit écho de l'annonce de la tumeur de Soley, comme si l'univers voulait me rappeler qu'à chaque instant, tout peut s'écrouler. J'ai revécu une deuxième fois, comme en différé, la nuit du diagnostic. Du jour au lendemain, on peut t'annoncer que ton bébé en pleine santé a le cancer ; et il est tout à fait possible que l'homme que tu embrasses le matin avant de partir au travail ne rentre jamais à la maison.

Le meilleur ami d'Hadj, avec qui nous avions prévu de dîner ce soir-là, m'a accompagnée au commissariat pour déclarer sa disparition. La procédure a duré des heures, nous ne sommes rentrés que tard dans la nuit. Au matin, la famille d'Hadj m'a appelée, et il ne leur a pas fallu plus de quelques minutes pour glisser que c'était quand même un peu de ma faute, s'il s'était volatilisé comme cela. Qu'il encaissait beaucoup de choses, le pauvre.

Qu'il avait eu besoin de prendre l'air. Qu'il n'avait pas l'air très heureux avec moi. Qu'en tout état de cause, je n'étais pas « quelqu'un de facile ». Je ne sais pas si je suis quelqu'un de facile, mais ça a été facile de leur dire d'aller se faire foutre. Enfin, son frère m'a téléphoné. Il m'a dit : « Je ne comprends pas ce qui lui est passé par la tête. » Et aussi : « Comment vas-tu ? » Mal, mais ça n'avait pas l'air d'être le sujet du jour. Mon dernier appel de la journée a été pour l'officier de la police judiciaire. Il avait tracé les déplacements d'Hadj grâce aux retraits de cartes bancaires. « À midi dix-huit, votre mari a mangé une pizza à Soissons. Vers quatorze heures, il a fait un plein d'essence en Belgique. À dix-neuf heures, il a pris un hôtel en Allemagne. » Je l'ai remercié et j'ai éteint mon portable. Tout se mélangeait dans mon cœur, la rage, l'épuisement et la honte, comme une pieuvre qui crache de l'encre lorsqu'elle est menacée. À la fin du weekend, Hadj m'a appelée de Berlin pour me dire qu'il avait fait une connerie et qu'il rentrait à la maison. Et le lendemain matin, bien sûr, j'étais devant mes classes.

*

Mon premier rêve de Soley, le 26 novembre. Je rêve qu'au lieu de dormir dans son berceau, Soley est allongée dans un lit normal, mais très bas, presque à hauteur du sol. Elle se réveille et je la prends dans mes bras. Elle n'a pas l'air très en forme. Elle vient de se réveiller, sa couche est sale, et elle a quelques boutons sur le visage comme si elle avait la varicelle. Mais elle ne pleure pas, elle est calme. Je dois aller au lycée mais je l'emmène avec moi, et ma sœur nous accompagne pour s'occuper d'elle pendant que je donne cours.

*

À l'automne, je participe à une retraite pour mamans endeuillées. J'ai trouvé sur Facebook la page de Blandine, une psychologue qui a elle-même perdu sa fille Sixtine au moment où elle aurait dû naître, et qui, après avoir participé à une retraite aux États-Unis, a décidé d'importer le concept en France. Je stresse un peu avant de rejoindre la belle demeure essonnienne où le weekend est organisé. Peur d'être mal à l'aise, de ne pas trouver ma place, d'autant plus que la plupart des autres mamans ont perdu leur bébé pendant la grossesse et que Soley fait un peu figure de cas à part. Mais alors que je n'avais même pas réalisé à quel point j'en avais besoin, ces deux jours se révèlent être un moment suspendu d'apaisement et de partage. Depuis la rentrée, je m'épuise entre mes cours à la fac et ceux que je donne au lycée, je travaille sans cesse pour rester à flot, et sans doute que ça me sauve aussi. Mais je réalise que je ne vais pas pouvoir tenir longtemps comme ça. Entre les longues discussions avec les autres mamans, la séance de yoga et la manucure, je comprends que j'ai besoin de prendre soin de moi, et également que je ne suis pas seule. En plus de Blandine, je rencontre Vanessa et Lucie, qui ont toutes les deux récemment perdu leurs petits garçons, Charlie et Liam. C'est un coup de cœur amical. Pendant l'année qui va suivre, nous nous écrirons pratiquement tous les jours, et nos conversations à trois resteront pour moi une ligne de survie. Grâce à Blandine et aux retraites, je rencontrerai aussi d'autres mamans. Les circonstances changent, la cause et le moment du décès, mais au final, c'est pareil : à toutes, il nous manque un bébé. Nous nous surnommons mutuellement « *soul sisters* », les âmes sœurs dans la détresse, dans la reconstruction aussi. Nous portons toujours le poids le plus lourd au monde, mais maintenant, nous le portons ensemble. Bien sûr, ça ne compense rien. Bien sûr, nous aurions préféré ne jamais nous rencontrer. Les bons côtés ne l'emportent pas sur les mauvais. Mais ils accompagnent les mauvais, et je suis reconnaissante pour cette compagnie inattendue.

Certaines d'entre nous se font un tatouage. Certaines d'entre nous déménagent. Certaines d'entre nous retournent travailler, certaines arrêtent de se lever. Certaines d'entre nous ne touchent à rien dans la maison. Certaines d'entre nous mettent les vêtements dans les cartons. Certaines d'entre nous prennent des médicaments. Certaines n'en parlent pas vraiment. Certaines d'entre nous regardent les photos, certaines s'en empêchent, ça fait trop. Certaines d'entre nous disent : deux enfants. Certaines d'entre nous ne comptent que les vivants. Certaines d'entre nous dorment avec un doudou, certaines d'entre nous ne dorment plus du tout.

Mais nous avons toutes le même masque pour affronter chaque journée, nous faisons toutes le même vœu à chaque bougie soufflée, nous aurions toutes tout donné pour juste un dernier moment, et maintenant, nous avons toutes peur de perdre un autre enfant. Nous avons toutes cette chanson qui nous ramène en arrière, nous avons toutes l'impression que c'était hier – et en même temps, c'était presque comme une autre vie ; nous avons toutes perdu, et gagné, des amis. Nous avons toutes des dates qui ne se laissent pas oublier, des parenthèses en creux dans chaque calendrier. Nous avons toutes un prénom qui nous fait nous retourner, quelques syllabes qui resteront toujours nos préférées.

*

Je rêve que nous sommes déportées vers une destination secrète. Je ne sais pas vraiment où, ni pourquoi, mais j'ai entendu quelque chose à propos d'un camp de concentration quelque part dans le nord. J'ai très peu de temps pour préparer nos affaires, et nous n'avons droit qu'à un seul sac. Soley attend calmement près de moi, attachée dans son siège auto. Le temps commence à manquer et je ne peux pas emporter grand-chose. Une amie passe prendre ma boîte à bijoux, afin de la garder en sécurité jusqu'à mon retour. En lui tendant la boîte, je dis : « Peut-être que ce ne sera pas si terrible après tout. Peut-être qu'on réussira à s'en sortir. » Elle me regarde gravement, mais elle ne répond rien.

*

Lettre à nos proches

La pire chose au monde qui puisse arriver à une personne m'est arrivée lorsque ma fille unique a été tuée par le cancer. Ma vie s'est arrêtée ce jour-là et pour vous, c'est parfois dur de le comprendre. La vôtre a continué et pour moi, c'est parfois dur de l'accepter. La distance entre nous se creuse. Certaines actions, certaines paroles, ou au contraire certains silences peuvent nous blesser. De votre côté, je comprends que vous ne sachiez pas toujours comment réagir. C'est pourquoi j'ai voulu essayer d'écrire ces mots pour vous expliquer ce que je ressens.

Soley est morte il y a quatre mois. C'est très récent. À vrai dire, pour nous, c'est comme si c'était hier. Comprenez que nous sommes en plein deuil. J'espère qu'un jour, j'arriverai à dépasser ma peine pour me réjouir avec vous mais actuellement, ce n'est pas possible, car ma fille vient juste de mourir. Il y a un temps pour tout, et pour nous, ce n'est pas le moment de faire de grands projets d'avenir : c'est le moment de porter le deuil de Soley. Donnez-nous et donnez-vous ce temps.

Soley nous manque énormément, chaque jour et chaque instant. Si elle vous manque aussi, n'hésitez pas à nous le dire. Si vous voyez un bouton d'or, ou une autre fleur jaune, ou quoi que ce soit qui vous fasse penser à Soley, faites-le nous savoir, ne serait-ce que par un texto ou un message Facebook. Si vous nous avez envoyé une carte, et qu'elle est restée sans réponse, ne pensez pas que c'est parce que cela ne nous a pas touchés. Soyez certains qu'au contraire, cela a illuminé notre journée, même si ce jour-là, nous n'avons pas eu la force de vous répondre. Sachez aussi que nous sommes profondément touchés par votre soutien à la recherche contre les tumeurs ATRT, vos dons de sang et de plaquettes pour les malades, votre sensibilisation aux cancers pédiatriques.

Il y a deux jours dans l'année où nous aurons tout spécialement besoin de votre soutien. Tout d'abord, le jour de la naissance de Soley, le 2 juillet, que nous continuerons à célébrer chaque année. À l'occasion de son anniversaire, rien ne nous ferait plus plaisir que de recevoir des fleurs, des cartes, ou des dons pour la recherche. Et le 8 juin, jour de sa mort. N'ayez pas peur de nous rappeler de mauvais souvenirs en partageant votre peine avec nous : soyez certains que vous ne nous rappelez rien, car nous y pensions déjà.

Si Soley était toujours vivante, lui auriez-vous offert un cadeau de Noël ? Si oui, vous n'avez pas besoin de changer d'avis juste parce qu'elle n'est plus là physiquement. Offrez-lui une décoration pour sa tombe ou dites-nous que vous avez fait un don à la recherche en sa mémoire. Rappelez-vous que l'année dernière au moment de Noël, Soley sortait de chirurgie. Le 24 décembre 2013, elle recevait sa première dose de chimiothérapie intensive. Notre fille n'a jamais eu la chance de profiter d'un vrai Noël. Comprenez que cette période est particulièrement difficile pour nous et ne rendez pas les choses encore plus difficiles en excluant Soley de cette fête dédiée à tous les enfants.

Ce n'est pas un secret, tous les parents aiment parler de leurs enfants – et nous ne faisons pas exception à la règle. J'aurai toujours à plaisir à prendre des nouvelles des vôtres. En retour, n'hésitez pas à inclure Soley dans la conversation, ou à partager des souvenirs. Si vous le souhaitez, nous serons toujours touchés de vous montrer des photos ou des vidéos de Soley. Traitez-la comme vous traiteriez n'importe quel bébé de la famille ou de vos amis. Parlez d'elle à vos proches et à vos enfants. Notre fille n'est pas, et ne sera jamais, un sujet tabou. Quand vous avez une hésitation concernant l'attitude à adopter par rapport à Soley, rappelez-vous toujours d'une chose : pour nous, elle est toujours vivante et elle sera toujours notre enfant. Gardez-la dans votre cœur et dans votre vie quotidienne. Ne pensez pas qu'elle sera un jour remplacée, ou que nous devons « passer à autre chose ». Car, quoi que la vie nous réserve, son absence restera un manque que rien ne pourra combler. Alors, n'oubliez pas notre fille, et ne cessez pas de prononcer son nom, ni cette année, ni l'an prochain, ni jamais. C'est le plus beau cadeau que vous puissiez nous faire.

Il y a une dernière chose que je voudrais vous demander : traitez-nous avec patience et compréhension. Sans que vous en ayez conscience, Hadj et moi faisons chaque jour des efforts indescriptibles pour continuer à vivre. Certains jours, le simple fait d'exister est épuisant. Certains jours, notre peine est insupportable. Certains jours, Soley nous manque tout simplement trop. Et certains jours, le cancer se rappelle à nous de la pire des façons. À l'instant où je vous écris cette lettre, deux petites filles que j'ai connues à l'hôpital, et auxquelles je suis profondément attachée, sont en train de mourir. Pensez-y la prochaine fois que vous nous trouverez absents ou irritables. Nous sommes entrés dans le monde du cancer le jour où Soley a été diagnostiquée, mais nous ne l'avons pas quitté le jour de sa mort. C'est notre réalité, et ça le restera jusqu'à la fin de notre vie.

Merci pour tout l'amour et le soutien que vous continuez à nous apporter sur ce chemin.

*

En terminale, j'avais un prof de philosophie qui organisait une fois par semaine ce qu'il appelait un « atelier du rêve » : il nous apprenait des techniques de respiration et de relaxation, et nous encourageait à tenir un journal de nos songes. Le but était de réussir à faire des rêves lucides, c'est-à-dire à être conscient que l'on est en train de rêver : lorsqu'on réalise que nous sommes endormis, il devient possible de contrôler le rêve, et on peut décider, par exemple, de se mettre à voler dans les airs. Moi, malgré tous mes efforts, je n'y suis jamais parvenue, peut-être parce que mes rêves ont toujours été teintés d'angoisse. En fait, je ne rêve pas vraiment, je cauchemarde.

Le mot « cauchemar » vient de l'ancien français « caucher » (fouler, presser) et du picard « mare », qui signifie fantôme. Dans la mythologie islandaise, la *Mara* est un esprit malfaisant qui passe sous les portes pour s'en prendre aux humains endormis. Elle s'assoit sur le torse de ses victimes, qui suffoquent alors sous son poids. Dans la *Saga des Ynglingar*, par exemple, le grand guerrier Vanlandi est victime d'une *Mara* : « Il fut pris d'une torpeur et se coucha pour dormir, mais il n'y avait pas longtemps qu'il dormait, qu'il hurla et dit que la *Mara* le foulait aux pieds. Ses hommes se précipitèrent pour l'aider ; mais lorsqu'ils lui saisissaient la tête, elle lui foulait les jambes de telle sorte qu'elles se brisaient presque, et lorsqu'ils lui saisissaient les jambes, elle lui étouffait la tête, si bien qu'il en mourut. » Ainsi finit Vanlandi, roi de Suède, littéralement étouffé par son cauchemar, et ses hommes brûlèrent son corps à côté d'une rivière.

Ce n'était pas tout à fait par hasard si la *Mara* s'en était prise au roi : bien des années plus tôt, au cours d'un long hiver, il avait épousé une fille de Laponie qui s'appelait Drisa. À l'arrivée du printemps, il avait laissé sa jeune épouse pour rentrer en Suède, et bien qu'il lui eût promis de revenir avant trois ans, dix années passèrent sans nouvelles. L'épouse négligée fit alors appel à une sorcière : « Ramène mon mari en Finlande, lui demanda-t-elle, ou bien tue-le. »

Sous l'effet du sortilège de la sorcière, le roi fut pris d'une soudaine envie de retrouver Drisa, mais ses amis et ses conseillers le firent renoncer à ce voyage. Le cauchemar de Vanlandi, c'est la forme que prend l'amour délaissé, et sa mise à mort, une expiation pour l'oubli.

Beaucoup de parents endeuillés me parlent de leur existence après la mort de leur enfant comme d'un cauchemar. Pour moi, c'est presque le contraire : je garde de ces onze mois avec Soley une image un peu floue, translucide et vaporeuse. Sa mort ne m'a pas plongée dans un cauchemar vivant, c'est plutôt un réveil brutal, comme si rien de tout ça n'avait vraiment existé. Je regarde ses photos et je touche ses peluches et je me souviens d'elle comme on essaie de se rappeler un rêve. Est-ce qu'elle a vraiment existé ? Est-ce que tout ça est vraiment arrivé ? Sa présence physique, son petit corps me manque. J'ai terriblement peur de l'oublier, comme j'oublie tous ceux dont la vie m'éloigne. Et si je ne parviens plus à me rappeler du son de sa voix, ou de la forme exacte de son petit visage, m'enverra-t-elle une *Mara* pour me punir et me rappeler à elle ?

Juillet, août, septembre, octobre, novembre, décembre. Soley a coché six mois sur le calendrier de 2013. Janvier, février, mars, avril, mai, juin : six mois aussi pour 2014. Et je sais que c'est un miracle qu'elle soit allée si loin, qu'elle ait continué à se battre, pour pouvoir goûter à chaque mois, pour laisser sa marque sur chacun d'entre eux. J'aurais détesté un mois sans elle, un mois dans lequel elle n'aurait jamais brillé. Peut-être qu'elle l'a senti, ma petite guerrière, et qu'elle a voulu m'offrir des souvenirs de juillet à juin, des souvenirs sur toute l'année. Je suis en paix avec sa courte vie, c'est avec la longueur de la mienne que j'ai du mal. J'aurais voulu que le temps s'arrête avec elle, pour que je n'aie pas à supporter ça. Je n'ai pas hâte de cette vie sans elle. Cela fait six mois déjà qu'elle est morte, et je n'arrive pas à y croire. Je ne peux pas l'accepter. Aujourd'hui encore, je suis entrée dans un magasin et en voyant une petite paire de bottes rouges, je suis restée littéralement paralysée pendant plusieurs minutes. J'ai hésité à les acheter, comme si je pouvais encore lui acheter quelque chose. Je parle toujours d'elle, et à elle, et pour elle. Je dors avec sa peluche, chaque matin, j'espère la trouver dans son berceau.

L'amour ne guérit pas le cancer, *Sunshine*, sinon tu serais toujours là. Mais peut-être qu'il peut te ramener jusqu'à nous ? J'ai rêvé de toi deux fois depuis ta mort. Hadj dit que te voir en rêve, c'est comme si tu nous revenais. Alors, je t'en prie, reviens-nous, reviens-nous chaque nuit. Parce que tu nous manques tellement et si fort. Et ça ne va pas en s'arrangeant.

*

Je rêve qu'en passant la main sur mon ventre, je réalise soudainement qu'il est redevenu plat : à l'évidence, je ne suis plus enceinte de Soley. Je me mets alors à la chercher partout. Mon père me dit : « Tu sais, ils ont pu la mettre n'importe où. L'enterrer sous la terre, ou dans l'interstice entre deux murs. » La tête me tourne, je panique.

Au réveil, la réalité me revient d'un coup et je me souviens qu'elle est dans son cercueil.

*

Quand Soley était vivante, je l'ai portée en moi et je l'ai mise au monde. Je l'ai allaitée et je l'ai bercée pour l'endormir, je l'ai lavée et habillée et j'ai changé ses couches. J'ai joué avec elle, j'ai chanté pour elle et je l'ai embrassée. Je suis restée à ses côtés à chaque instant. J'ai monitoré ses fonctions vitales et j'ai vérifié ses médicaments. Je l'ai tenue dans mes bras pendant les ponctions lombaires et les insertions de sondes nasogastriques. J'ai cherché le meilleur traitement et je me suis battue pour elle. J'ai perdu ma maison et ma santé, j'ai vécu dans l'épuisement et un état de stress que les psychiatres comparent aux situations de guerre. Être la maman d'un enfant gravement malade, ce n'était pas facile, mais c'était évident. Il y avait des choses à faire, tellement de choses, toute la journée, et la nuit aussi. Être mère n'a pas été juste une part de mon identité, une poignée d'heures dans ma journée. Mais au contraire, un cri dans la nuit, une joie suffocante, quand je portais le poids de son petit corps, quand elle s'endormait contre ma poitrine, quand elle levait les yeux sur moi comme on lève les yeux vers le ciel. Comme Soley n'a vécu que peu de temps, j'ai l'impression que les gens ne me considèrent plus comme une « vraie » mère. Ironiquement, je me sens secrètement supérieure à toutes celles qui m'entourent, celles qui ont beau jeu d'élever des enfants vivants, même pas cancéreux, même pas un peu malades. Quand j'entends des parents dire que c'est difficile, je pense : essayez avec un enfant mort, là, il y a un petit niveau.

Maintenant, je vis avec la moitié d'un cœur, personne ne me regarde comme elle le faisait, et ce deuil acide, cet amour en creux, c'est ce qui me reste d'être mère. Comment élever un bébé qu'on ne peut pas toucher, ni bercer, ni embrasser ? Comment prendre soin de ce bébé de l'autre côté ? Comment faire vivre un enfant qui ne peut plus parler, plus sourire, plus jouer, dont le nom n'est plus jamais prononcé ? Que faire de ce temps qui reste, qui lui était dédié ? Comment poursuivre cette vie avec elle ? Je peux lui écrire des articles de blog qu'elle ne lira jamais. Je peux lui fabriquer des albums qu'elle ne regardera pas. Je peux lui organiser une fête d'anniversaire dont elle ne soufflera pas les bougies. Je peux visiter sa tombe en sachant très bien qu'elle est ailleurs. Je peux l'imaginer au ciel, mais sans y croire vraiment. Je peux récolter des fonds pour la recherche et me battre pour un traitement qui ne la sauvera plus. Je peux parler à son cochon en peluche et l'embrasser mais elle n'entendra pas ces mots et elle ne sentira pas ces baisers. Je peux écrire son histoire, notre histoire, mais aucun mot ne me la ramènera.

Encore une journée difficile. Même pas tant difficile que vide et inutile. Je me réveille fatiguée, je n'arrive à rien faire, je me contente de dériver. C'est comme un puzzle, je cherche la pièce manquante, une solution, mais je sais que la pièce en question ne sera jamais retrouvée. Je ne me posais jamais ces questions quand Soley était vivante. Le stress, l'anxiété, la peur, l'épuisement, oui. Mais jamais le vide. Elle me comblait. La vie dans notre petite chambre de Curie me manque. Je voudrais échanger toutes les années qui me restent contre une dernière journée avec mon bébé.

Je sais bien qu'elle est morte, puisque depuis, je flotte, privée de gravité. Mais comment est-ce arrivé ? Un battement de paupières, une demi-seconde à peine. Je n'avais jamais rencontré quelqu'un de si vivant, si physiquement présent, tellement de chaleur et de lumière, tellement de persévérance, tellement d'appétit de vivre – tout à coup disparu comme on souffle une chandelle. Je ne trouve pas de mots pour dire le manque d'elle, pour expliquer ni pour comprendre, pas de mots qui consolent, pas de mots qui apaisent. C'est comme si elle avait pris tous les mots en embarquant pour l'autre côté, comme si elle avait tout absorbé, me laissant les mains vides et réduite au silence.

*

Mon deuil me fait rarement pleurer, et jamais en public. Il se tient tapi dans la fatigue et dans l'angoisse qui m'empêche de dormir.

Mon deuil a changé mon identité, a fait de moi une paria et une héroïne, a fait de moi une personne différente.

Mon deuil est chronophage. Parfois, mon deuil me paralyse ou me rend physiquement malade, bien que la plupart du temps, il ne m'empêche pas de fonctionner. Mon deuil est un handicap, mais c'est un handicap invisible. Mon deuil, c'est m'effondrer seulement quand je peux me le permettre.

Mon deuil est cette douleur douce, quand je retrouve Soley dans d'autres petites filles. C'est la construction d'un univers parallèle où elle n'est jamais morte, c'est la petite voix dans ma tête qui a du mal à se taire et qui pourrait me rendre folle. Mon deuil, c'est perdre mon bébé un peu plus chaque jour. C'est s'accrocher aux souvenirs, tenter de figer le temps, et même de le remonter. C'est un combat quotidien contre l'oubli et, ultimement, contre la vie.

Mon deuil est le retour d'une guerre dont personne n'a jamais entendu parler.

Mon deuil est solitaire, même si c'est aussi le terreau des amitiés les plus profondes. Il est désordonné et maladroit, il m'embarrasse et met les autres mal à l'aise.

Mon deuil m'a été livré sans manuel d'utilisation, et j'y navigue à vue.

Mon deuil pèse lourd comme un vêtement mouillé. Parfois, je voudrais m'en débarrasser d'un mouvement d'épaules, mais je sais que mon deuil est le deuil d'une vie entière.

À la fin, mon deuil est juste un synonyme d'amour.

*

Je rêve qu'Hadj et moi sommes couchés dans un lit d'hôpital, sans savoir exactement de quoi nous souffrons. Nina, l'infirmière de Soley qui était avec nous jusqu'à la dernière nuit, arrive dans la chambre et m'emmène à la recherche d'un médicament. Nous marchons longuement dans les couloirs. Enfin nous mettons la main sur le produit liquide, rose pâle, dans une bouteille en verre. Nina étudie la notice, et nous comprenons que ce n'est pas un médicament mais un poison mortel, afin que nous mourions sans souffrir. Je me promets de ne pas en prendre, mais déjà, je commence à souffrir, une douleur atroce qui part du bassin et irradie mes jambes. Je réalise que je ne pourrais pas supporter longtemps cette douleur, que je vais devoir me résoudre à prendre le poison. Cela me terrifie et je pleure énormément.

Au réveil, mes jambes me font mal pendant plusieurs minutes.

*

Noël 2014. Nous sommes de retour en Bretagne et dans quelques jours, j'aurais vingt-six ans. Nous passons les fêtes avec mon oncle et ma tante, ceux dont j'avais pensé qu'ils n'avaient pas vraiment besoin de devenir parents. Et pourtant, au moment où Soley était transférée en soins palliatifs, leur processus d'adoption a enfin abouti. Ils se sont envolés en Amérique latine pour en ramener un petit garçon et une petite fille. À voir maintenant ces enfants courir dans la maison, j'ai l'impression que l'univers nous fait une blague de mauvais goût. J'entends une voix dans ma tête qui me raille – Alors, tu pensais qu'ils n'avaient pas besoin d'enfants, hein ? Et toi ? À quel point as-tu besoin de ta fille ? Tellement. Tellement que je ne peux plus respirer.

Dans la maison de famille pourtant pleine de monde, je me sens si complètement isolée. Les longues conversations sur les soucis professionnels des uns ou des autres me donnent envie de hurler. Depuis que mon bébé est mort, tous les problèmes me semblent dérisoires, et même indécents. Mais le monde continue de tourner, comme si de rien n'était. Je sais que ce n'est pas de leur faute, et même que ça n'a pas grand-chose à voir avec eux. Sous le sapin, je trouve un collage que leurs nouveaux enfants ont réalisé à partir de photos de Soley, dans un geste pour l'inclure malgré tout. Mon autre tante me pose quelques questions, m'offrant le plus précieux des cadeaux : un espace où faire exister Soley. À la nuit tombée, nous lâchons des lanternes volantes pour qu'elles s'envolent vers elle. Au fond je sais qu'ils font de leur mieux, mais leur mieux n'est pas à la hauteur. Rien ne peut apaiser cette douleur qui me ronge de l'intérieur à la veille de Noël. Ils ont eu leur miracle. Pas moi. Et une fois qu'on a dit ça, il ne reste rien à ajouter.

*

Je rêve que je reçois un coup de téléphone. Au bout du fil, j'entends la voix du médecin de réanimation : « Votre fille est en train de mourir, il faut la laisser partir ». Je me mets à pleurer, à protester dans le combiné : « Non, non, gardez-la en vie encore un peu, j'arrive, je veux la tenir dans mes bras une dernière fois, je ne veux pas qu'elle meure toute seule, s'il vous plaît, attendez-moi ! » Il me promet d'essayer mais me dit que je dois me dépêcher. Je ne sais même pas comment me rendre à l'hôpital, je dois prendre un train, ou trouver quelqu'un pour me conduire en voiture, mais ma route est semée d'embûches. Le temps file, j'ai peur de ne pas arriver à temps, et je garde mon téléphone dans la main en priant pour qu'il ne sonne pas.

Au réveil, je me sens mal comme si Soley venait de mourir une deuxième fois.

*

À la fin de notre cours de danse de salon, quelqu'un me demande si nous avons des enfants. Je prends une respiration avant de répondre : « Oui, nous avons une petite fille, mais elle a eu un cancer. » Quelqu'un d'autre lâche : « C'est glauque. » Et la première personne reprend : « Ma petite nièce a eu un cancer, on lui a diagnostiqué ça à la naissance, un cancer du rein, et il a fallu le lui enlever, mais on vit très bien avec un seul rein, vous savez. » Je hoche la tête. On vit peut-être très bien avec un seul rein, mais on ne vit pas très bien avec la moitié d'un cerveau. Je me souviens des derniers scans, de la tumeur si grosse qu'elle en pliait l'hémisphère opposé. Des images comme de la grêle sur notre petite bulle de bonheur. Mais au milieu des IRM, des ponctions lombaires et des poches de chimio, assignées à résidence dans notre minuscule chambre d'hôpital, nous étions heureuses car nous étions ensemble.

Mon amour. J'aurais passé ma vie dans cet hôpital pour pouvoir te garder. Je ne sais pas où tu es, *Sunshine*, si tu peux encore me voir d'une façon ou d'une autre, encore me sentir. Sentir mon amour et ma douleur, ces deux voies du même chemin, et me voir courir après moi-même, tourner en rond, incapable de me rendre nulle part. Je ne peux plus revenir en arrière et je ne peux pas aller de l'avant. Les mois continuent de passer et je suis incapable de les arrêter, ne serait-ce qu'un moment. Je n'aurais jamais pensé pouvoir te survivre si longtemps. Mais je n'aurais jamais pensé pouvoir te survivre ne serait-ce qu'un seul jour. Le temps qui file n'apaise pas ma douleur, mais il fait grimper mon angoisse. J'ai peur du jour où il faudra dire « Mon bébé est mort l'an dernier », « J'ai une fille, mais elle est morte il y a quelques années », « Dans ma jeunesse, j'ai eu un bébé qui est mort d'une tumeur cérébrale. » Je me débats dans cette situation incontrôlable, tente de me cramponner au passé. Les événements qui s'enchaînent — un premier Noël sans elle, mon vingt-sixième anniversaire, une nouvelle année — semblent me narguer. Comme si l'horloge de la vie me jetait son tic-tac au visage, une prise de conscience brutale que les choses ne sont pas telles qu'elles devraient être et ne le seront jamais plus. Une amie qui a aussi perdu sa fille m'écrit, « Il n'y a pas de bonnes réponses pour nous. » Pas d'espoir, pas d'indices, pas de ligne d'arrivée. Juste cette lassitude, et ce ruissellement continu de tristesse.

Comment suis-je censée célébrer l'année qui vient de se finir, et celle qui débute ? 2014 est l'année où Soley est morte, une année de souffrances et d'espoirs brisés, mais c'est aussi la dernière année que nous avons pu partager avec elle. Si je regarde en arrière, je vacille. Si j'envisage l'avenir, je m'écroule. Je ne veux pas entrer dans une nouvelle année sans toi. Je regretterais toujours 2013 et 2014, les deux années que tu as illuminé de ta présence vivante. Si je pouvais remonter le temps et les revivre encore et encore, si ma vie entière pouvait n'être qu'une répétition de ces onze mois avec toi, un exil permanent dans le monde du cancer — notre réalité d'angoisse et de joies, d'amour et de câlins, nos immenses défaites et nos petites victoires — quel miracle cela serait.

*

Réponses stratégiques (à utiliser sans modération) *:*

« Au moins, vous êtes jeunes, vous pourrez en avoir un autre.
– On ne pourra jamais avoir une autre Soley. »

« Au moins elle n'est pas handicapée.
– On préfère un enfant handicapé à un enfant mort. »

« Tu es toujours triste ?
– Elle est toujours morte. »

« La vie continue.
– Pas la sienne. »

*

Nous avions prévu de nous marier à la fin du printemps. Nous avions la bague, le lieu, la date, et puis, nous avons eu le cancer. Quand Soley a été diagnostiquée, tous nos projets de mariage, tous nos projets de vie en fait ont été mis sur pause. Nous n'avions plus de futur à planifier. J'avais imaginé Soley en robe blanche à la cérémonie, mais elle était déjà passée en soins palliatifs à l'heure où nous aurions dû échanger nos vœux. Notre seul statut familial, c'était le pacs que nous avions signé pendant la grossesse. Rien de romantique, juste une formalité administrative pour la reconnaissance du bébé et une histoire de mutuelle. J'étais enceinte de sept mois, nous avions réservé un créneau pendant nos pauses déjeuner et étions retournés au travail immédiatement après. Notre grand mariage était prévu pour le même mois l'année suivante. Je tenais absolument à ce que nous portions tous les trois le même nom.

Bien que ce soit techniquement faux, je répondais toujours que nous étions mariés à chaque fois qu'un médecin posait la question. Peut-être parce que nous étions jeunes et qu'ils ne nous prenaient pas au sérieux, j'avais l'impression que cela nous donnait une forme de légitimité. Je voulais qu'ils nous voient comme des parents responsables, même si nous ressemblions à deux enfants perdus. Je n'ai jamais eu l'impression de mentir en disant qu'Hadj était mon mari. Et j'ai toujours dit « le divorce » pour parler de notre rupture.

L'été qui a suivi la mort de Soley, nous avons vécu une sorte de lune de miel du deuil. Nous avons quitté Curie où nous étions restés si longtemps, et nous sommes retournés en Bretagne, dans la même maison où nous avions passé un mois avec Soley l'été précédent. Avons-nous refait l'amour ? Je ne m'en souviens pas. Mais nous avons roulé jusqu'à Amsterdam, où nous avons longuement marché dans la ville, fumé de l'herbe et bu des tisanes, blottis l'un contre l'autre dans les coffee shop. C'était très triste et très doux à la fois. Je ne me rappelle pas que nous ayons pleuré. Je crois que nous n'avions pas encore réalisé que Soley était définitivement morte.

Quand l'automne est arrivé, j'ai commencé à enseigner et nous avons commencé à nous disputer. La distance entre nous s'est épaissie comme un brouillard. Nous nous sommes envoyé les pires reproches et les choses les plus mesquines. Hadj ne pouvait plus me supporter. Je le méprisais. Il se sentait vide et oppressé, je me sentais seule et négligée. Les menaces de ruptures fusaient, parfois ces menaces étaient mises à exécution. Il y a eu la première fugue d'Hadj jusqu'à Berlin. Quand il a réalisé que même mille kilomètres plus loin, le deuil l'avait suivi, il a fait demi-tour ; mais bien sûr, rien n'avait été réglé. Après plusieurs mois de chômage, il a brusquement décidé de retourner travailler à Toulouse. Il m'était impossible de le suivre sans perdre mon poste et mon concours. D'ailleurs, il ne me le demandait pas. Nous ne nous voyions plus que pendant les weekends et les vacances. Je ressentais à propos de cette décision la même chose que pour notre couple, ou que pour la vie en général : ce n'était pas comme ça que les choses étaient supposées se passer, mais qu'est-ce que je pouvais y faire ? J'avais lu partout que la mort d'un enfant, c'est l'épreuve du feu pour le couple. On en sort rapprochés pour toujours, ou bien on n'en sort pas du tout. Nous n'étions clairement pas dans la première catégorie, mais je ne voulais pas entrer dans la seconde. Bien sûr que nous n'étions pas heureux ensemble. Mais est-ce qu'on est censés être heureux quand notre enfant est mort ?

*

Je rêve que le docteur B., recyclé par mon inconscient en astrophysicien, va m'envoyer dans l'espace avec l'espoir que je puisse y retrouver Soley. Mais je sais qu'il y a également un risque important que je me fasse aspirer par l'univers, et que je flotte dans ma capsule jusqu'à ma mort.

Je me réveille à l'aube, terrifiée, le cœur battant.

*

Je n'ai même plus de mots pour décrire ce que je ressens. J'imagine qu'on a touché le fond quand il est plus facile de décrire les choses en énumérant ce qu'elles ne sont pas. Ce n'est pas que Soley me manque moins. Ce n'est pas que j'aille mieux, ou que je m'y sois habituée. C'est plutôt que je suis en train de perdre la foi. Avant, je regardais son berceau en espérant l'y trouver. Ou quelqu'un sonnerait à la porte et quand j'ouvrirais, elle serait là, assise tout sourire dans son transat. Neuf mois plus tard, je n'arrive plus à croire qu'elle me reviendra.

Aujourd'hui, je suis de retour à Toulouse, dans cette ville où elle est née et où nous avons vécu ensemble. Je marche dans ces rues où son absence est plus forte qu'ailleurs, la ville entière m'est un mémorial. Je voudrais prévenir les passants, tant il me paraît inconcevable qu'ils ne sachent pas, qu'ils aient continué à vivre ici. Le long du canal où je la promenais en poussette, sur ce banc où je l'allaitais. Et la poste – nous étions au bureau de poste ce jour-là, quand soudain, elle s'est mise à pleurer sans raison, à pousser ces cris perçants qui m'ont glacé le cœur. Je me souviens avoir eu peur, être sortie précipitamment. Une poignée d'heures plus tard, on m'annonçait le pire.

Je n'aime pas utiliser le mot « morte » pour parler de ma fille. Je préfère dire des choses comme « Nous n'avons pas pu la sauver », ou « Elle n'est plus physiquement avec nous », des phrases qui serpentent et qui esquivent et qu'une fois sur deux, mon interlocuteur ne comprend pas. Mais ici, sous les platanes, c'est le mot « annihilée » qui m'est venu en tête. Notre fille a été rayée de la surface de la Terre. La douleur m'écrase, et je rentre à la maison pour pleurer. Ça ne ressemble pas à une conclusion. C'est comme de trouver de nouvelles choses à perdre, quand je croyais qu'il ne me restait rien. Et je me demande, est-ce que ça sera toujours comme ça ?

*

C'est le printemps. La saison pour éclore, pour respirer, pour sourire. Pour glisser à vélo dans les rues, les bras nus et le vent sur la peau. C'est la saison pour tomber amoureux. Mais je crois que nous ne sommes plus amoureux.

Parfois, je dors au bord du lit pour ne pas te toucher. Parfois, tu penses que ta vie serait plus simple si je n'y étais pas. Parfois, nous parlons de notre fille au passé, et parfois, au présent. Parfois, on lance une bouteille à la mer, parfois on n'arrive pas à communiquer. Parfois tu vas bien, parfois je vais mal, parfois c'est l'inverse ; parfois tu dis que tu vas aller voir un psy, mais je ne te crois pas. Parfois, je tends les bras vers moi, parfois, tu fais de même, et parfois pas. Parfois je pense que nous sommes brisés, même si parfois je pense que nous pouvons réapprendre à nous aimer.

Un soir, nous marchons le long du canal quand je te dis : « Notre couple, c'est un chaton abandonné dont on se demande s'il passera la nuit. » Et tu réponds : « Non, notre couple, c'est un husky bipolaire qui se cogne contre tous les murs. »

*

Quand nous avons été expulsés du monde du cancer, nous avons fait nos valises en silence et nous sommes partis sur la pointe des pieds, en laissant notre fille derrière nous. Et après ? Après, je me suis sentie coupable de vivre sans Soley. Il y a quelque chose de décevant dans l'instinct de survie, qui tient plus de la résignation que du courage. Je ne voulais pas vivre sans elle, pourtant, j'en étais capable. J'en suis capable. Quelque chose en moi travaille dur à survivre, pour le meilleur et pour le pire. Souvent pour le pire, mais quand même.

« Tu as perdu ta fille, la pire chose qui puisse arriver à un être humain. Comment fais-tu pour être encore debout ? » Chaque fois que cette question revient, j'ai l'impression qu'on me demande de justifier mon existence. Et quel argument aligner pour ma défense quand je me pose cette même question chaque matin ? Je balbutie des généralités douteuses et je me sens poisseuse. On s'attend toujours à ce que je fonde en larmes, mais non. Je ne sais pas pleurer en public. Je peux raconter toute l'histoire, comment mon minuscule bébé a été diagnostiqué avec une tumeur au cerveau, comment mon monde s'est effondré, et toutes les tortures qu'elle a endurées pendant que le cancer volait chaque morceau d'elle jusqu'au dernier. Je raconte comment je l'ai vu mourir dans le silence de la nuit, et je le raconte sans verser une seule larme. Je suis la mère qui n'arrivait pas à pleurer à l'enterrement de sa propre fille. Je ne sais pas pourquoi, ça ne vient pas.

Parfois, je passe à vélo devant une école maternelle et mon cœur loupe un battement, mais parfois aussi, je me force à ne pas penser à elle parce que ça fait trop mal. Les mois passent, le souvenir de ma fille perd de sa profondeur, se dématérialise. Comme une amputation quand le moignon cicatrise : elle manque. Elle manquera toujours, rien ne pourra la remplacer, comme rien ne peut remplacer une jambe coupée. Mais comme on apprend aussi à marcher avec des béquilles, on apprend à vivre sans elle. Et c'est encore une nouvelle strate de douleur que d'accepter ça.

*

Une semaine sur deux, je fais l'aller-retour entre Paris et Toulouse pour retrouver Hadj. Ce dimanche, c'est la fête des Mères. Je cours à la porte quand le livreur sonne avec un magnifique bouquet de fleurs jaunes : je remercie Hadj avant de réaliser qu'elles viennent de ma sœur. Il me dit qu'il n'a rien prévu, et ses mots me foudroient : « Je ne pensais pas que c'était la peine ». Je pleure pendant des heures, pour mon enfant morte et ma maternité gommée, pour cet homme froid en face de moi qui avait promis de m'aimer tous les jours de sa vie. Son cadeau de fête des Pères, je l'ai commandé il y a plusieurs mois déjà : un médaillon avec une aquarelle faite à la main, un portrait de Soley dans ses bras. Je croyais qu'on était une famille. Je croyais qu'on continuerait, sans elle mais avec elle, pour elle, toujours. Mais peut-être que je suis la dernière à y croire.

Le lendemain, je dois rentrer à Paris. D'habitude, pour rejoindre l'aéroport, je prends la navette, mais ce jour-là, je décide sur un coup de tête d'emprunter la nouvelle ligne de tramway qui vient d'être inaugurée. Je n'avais pas réalisé qu'elle passait au milieu de Purpan, l'hôpital où Soley a été diagnostiquée et soignée les deux premiers mois. Alors, je regarde avidement par la vitre et tout me revient, l'émotion avec – le passage vers le grand parking des peupliers, la fenêtre de notre chambre, l'entrée des urgences pédiatriques… Les larmes me remontent aux yeux. Soudain, une tache bleue qui attire mon regard. Sur un volet fermé, trois mots tagués à la peinture : « *Love you mom* ».

*

Je rêve de Soley. Elle est toujours chauve mais plus grande et plus grosse, elle a l'air d'aller bien. Je ne la prends pas dans mes bras, je ne l'embrasse pas. Juste, je la regarde. Allongée dans son berceau, elle parvient avec beaucoup d'effort à passer à la position assise. C'est incroyable de voir cette prouesse qu'elle n'a jamais accomplie de son vivant. Mais ensuite, elle trébuche et se coince la tête entre les barreaux de son berceau. Je cours jusqu'à elle, j'essaie de la dégager et je finis par casser le barreau pour la libérer. Puis, Hadj la prend dans ses bras. Elle ne semble pas s'être blessée mais elle est épuisée, elle ferme doucement ses yeux et elle s'endort contre lui.

*

Mon cœur est tellement à vif que je me sens écorchée, partout et tout le temps. Chaque remarque maladroite, chaque silence gêné me blesse, des toutes petites choses que les gens autour de moi ne réalisent probablement même pas. Une après-midi, montrant des photos de Soley à une amie, je me surprends à constater que ma fille ne semble même pas malade. Elle réplique sans réfléchir : « Ah si, quand même ! » et je me liquéfie intérieurement. Je m'en veux de souffrir autant de ces cruautés du quotidien, tant cela paraît dérisoire comparé à la mort de Soley. Mais ce décalage, cette distance entre soi et les autres, c'est l'un des aspects les plus douloureux de ce chemin de deuil. Les mauvais gestes, les mauvais mots. Le mauvais silence. Parfois même, la méchanceté pure.

Les choses qui nous semblent les plus essentielles et les plus évidentes restent souvent incomprises. Le premier anniversaire de décès de Soley passe sans que des amis proches, des membres de nos familles même, nous adressent le moindre mot. Pourtant, j'essaie d'expliquer, j'écris des lettres à notre entourage et je publie des articles sur Facebook. Mais au fond, je n'arrive pas à leur pardonner de ne pas réussir à mieux nous accompagner, ne serait-ce qu'en notant deux dates dans leurs calendriers.

C'est du sel sur mes plaies, chaque fois qu'on me demande si j'ai des enfants et qu'il me serait plus facile de dire non mais que je ne veux pas mentir. Parce que je ressens ce besoin de faire vivre ma fille, ou sa mémoire, ou mon identité de mère – quelque chose de fragile qui doit être nommé. Et pourtant, je sais que neuf fois sur dix, la réponse sera stupide ou blessante, et que je me rejouerais des dizaines de fois la discussion le soir avant de m'endormir, avec cette brûlure au cœur de n'avoir pas su protéger mon bébé.

Du sel sur mes plaies le jour où un ami de la famille, en vacances chez nous, oublie de prévenir ses enfants que Soley est morte, et que son petit garçon lève soudainement les yeux vers moi et me demande où est mon bébé. Et comme personne ne lui a rien dit, c'est moi qui dois lui expliquer qu'elle est enterrée dans le cimetière, juste au bout de la rue.

Du sel sur mes plaies quand une amie choisit l'anniversaire de Soley comme date pour son mariage. Du sel sur mes plaies quand une collègue me prend violemment à partie le jour de l'anniversaire de Soley, et qu'elle lâche quand je fonds en larmes : « Je sais bien pourquoi tu es si émotive aujourd'hui, mais ça suffit avec cette excuse ! » Du sel sur mes plaies à chaque conversation sur les enfants où on m'interdit d'évoquer ma fille. Et chaque fois que mon deuil met les autres mal à l'aise, et que j'ai l'impression d'être devenue un genre de grenade qu'on manipule avec précaution sous peine de la voir exploser.

*

Il y a un an ton souffle court le cœur battant
Il y a un an on nous dit que tu ne tiendrais plus longtemps
Il y a un an encore une fois tu étais prête avant moi
Il y a un an, et le ciel s'est ouvert cette nuit-là.

Il y a un an mais je ne sais pas où cette année a pu passer
Il y a un an que malgré nous le monde continue de tourner
Il y a un an on vit pourtant mais déchirés
Tu sais j'aurais tout fait pour pouvoir te garder.

Il y a un an, devrions-nous être apaisés ?
Il y a un an le manque de toi qui continue à se creuser
Il y a un an un trou béant que ces douze mois n'ont pu combler
Et j'aurais dix autres enfants, que tu continuerais à me manquer.

Il y a un an je sais maintenant que tu ne reviendras pas
Mais je serais toujours à toi et tu seras toujours à moi
Il y a un an je t'aime tellement rien ne pourra te remplacer,
Je serais toujours ta maman et tu seras toujours mon bébé.

*

J'ai l'impression de me perdre dans un dédale d'émotions. Des vagues de fatigue, d'anxiété, d'incertitude, flux et reflux. La fin de l'année scolaire, l'anniversaire de Soley, des difficultés professionnelles et familiales, tout se mélange. Le temps est lourd, la chaleur et le parfum des pins m'empêchent parfois de respirer. Nous avons donc fêté un deuxième anniversaire sans Soley, qui inaugure un deuxième été sans elle, une deuxième année sans elle. Le manque de Soley grandit à sa place. J'y pense sans y penser, en continu, comme un bruit de fond. Mon corps se souvient de l'empreinte du sien, comme un petit fantôme qui trotte à côté de moi et qui partage mon matelas. Hadj et moi décidons de nous raser la tête pour commémorer ce nouveau cycle de deuil. Depuis sa mort j'ai l'impression d'avoir nagé sans répit, et je crois que je m'attendais à franchir une sorte de ligne d'arrivée, une pause au moins. Mais je suis toujours au milieu de l'océan, plus perdue que jamais. Je ne vois pas de terre à l'horizon, seulement des milliers de mètres cubes d'eau autour de moi. Je ne vais pas mieux. Je suis clouée au deuil comme certains sont cloués à leur fauteuil roulant, sauf que j'ai perdu plus qu'un membre. Ça ne peut pas guérir. J'aimerais seulement que mon handicap soit visible, reconnu. Qu'on m'attribue enfin une carte officielle du club des parents endeuillés à garder dans mon portefeuille. Et un badge sur ma poitrine, pour que tout le monde sache que chaque jour, je vis avec la moitié d'un cœur.

Nous partons en vacances au Portugal avec les meilleurs amis d'Hadj et leur compagne. Ils étaient venus nous soutenir à Toulouse au début de la maladie de Soley et ils étaient revenus à Curie, l'un des deux avait même lu un texte à son enterrement. Pourtant, pendant la semaine que nous passons ensemble, ils ne mentionnent pas Soley, ne demandent pas une seule fois à Hadj comment il va. Les filles ne disent rien non plus. Pourtant, un après-midi où je leur mets sous les yeux une photo de Soley, l'une des deux me dit : « Oui, je la reconnais ». Je suis surprise. Je ne savais pas qu'elle avait déjà vu des photos, ni même dans quelle mesure elle connaissait notre histoire. Nous n'aborderons plus le sujet. Le dernier jour, ils nous conduisent à la gare. La fille qui avait reconnu Soley sur la photo me prend dans ses bras une fois, puis deux. Et elle dit : « La deuxième fois, c'était pour Soley. »

*

Elle n'est pas un secret. Elle n'est pas un souvenir. Elle n'est pas une histoire triste. Elle n'est pas « juste un bébé ». Elle est une vraie personne, celle que nous aimons le plus au monde. Elle n'est pas un objet perdu que l'on peut racheter, un examen raté à repasser. Elle n'est pas un accident de parcours, un échec, un détour, une blessure à cicatriser. Elle n'est pas un contretemps. Nous n'allons pas « réessayer », il n'y a rien à recommencer, nous n'avons rien à remplacer.

Depuis l'existence du monde, il n'y a pas eu un enfant comme elle. Et jusqu'à la fin du monde, il n'y aura plus d'enfant comme elle. C'était une personne unique avec son identité propre, son style, sa personnalité, ses goûts et ses dégoûts, ses mimiques, ses sourires, sa voix, son odeur, ses petits pieds potelés et sa force de caractère.

Je ne vais pas la cacher. Je ne vais pas céder. Je ne vais pas changer de sujet. Je ne vais pas oublier, je ne vais pas « lâcher prise », je ne vais pas « passer à autre chose ». Je ne vais pas arrêter de parler d'elle, même si ça met mal à l'aise. Elle est la part la plus importante de ma vie, je ne peux pas m'en séparer.

C'était un bébé adorable, une petite fille courageuse et joyeuse. Elle aimait son papa et sa maman, ses grands-parents, ses tantes et ses soignants. Elle aimait son mobile, ses peluches, son petit maraca, elle aimait écouter de la musique, elle aimait être dans son transat, elle aimait prendre son bain, elle adorait être portée dans les bras. Elle détestait qu'on lui prenne sa tension. Elle écoutait très attentivement ce que lui racontait son papa, surtout quand il lui parlait de satellites, et elle souriait quand elle voyait mon visage. Elle aimait que sa tante lui souffle sur la main et jouer à attraper l'air. À cause de la chimio, les petits pots pour bébé lui donnaient la nausée mais elle aimait sucer des bouts de chocolats. Elle suçait aussi ses doigts et mettait toujours sa main dans sa bouche. Elle aimait dormir dans nos bras. Elle souriait, elle poussait des petits cris, elle riait aux éclats. Moi non plus, je n'ai jamais arrêté de rire. Même dans ces premiers jours, quand il semblait que la Terre avait cessé de tourner. Mais elle me manquera toujours ; il y aura toujours ce vide en moi, exactement à sa taille.

*

Je rêve que je suis poursuivie dans une ruelle sombre. En m'échappant, je débouche sur un grand boulevard, et je réalise que je suis en train d'accoucher de Soley. Elle est minuscule, elle tient dans la paume de ma main. Je la mets dans un mouchoir et la porte contre mon cœur. De temps en temps, j'ouvre le mouchoir pour vérifier qu'elle est toujours vivante ; mais elle est si petite que je me demande si j'arriverais à faire la différence.

*

Je viens de terminer la onzième saison de la série télévisée *Grey's Anatomy* et je suis hors de moi. Dans l'intervalle de la saison, des personnages centraux sont confrontés à des tragédies bouleversantes: le bébé d'April et Jackson meurt avant la naissance, et Meredith perd brutalement son mari Derek dans un accident de la route. Comment vont-ils réagir? Nous ne le saurons jamais, car les scénaristes les font tout simplement… disparaître. Par un tour de passe-passe maladroit, April est expédiée à la guerre et Meredith et ses enfants se volatilisent, Dieu sait où, pendant toute une année. C'est littéralement l'actrice principale de la série et nous ne savons ni où elle est, ni ce qu'elle fait pendant un an! Silence radio, circulez, rien à voir. Le script préfère passer une année entière en avance rapide, ce qui ne fait aucun sens narrativement et donne l'épisode le plus ennuyeux qui soit, plutôt que de nous montrer des gens en deuil. Les deux heures de l'épisode écoulées, notre héroïne revient comme si de rien n'était et (ça ne s'invente pas) se met subitement à danser. Fin de l'histoire. J'imagine les scénaristes réunis autour de la table, votant à main levée pour savoir au bout de combien de temps Meredith pouvait être autorisée à revenir de son exil de tristesse. Qu'est-ce qu'une période de deuil raisonnable selon *Grey's Anatomy*? Au bout de combien de temps une veuve est-elle censée avoir cuvé sa peine, être capable de revoir ses amis et de revenir travailler? Et une maman qui perd son bébé pendant la grossesse? Au risque de décevoir les experts d'Hollywood, pour la plupart d'entre nous, la réponse ne se compte pas en mois. Et c'est ce qui m'énerve à chaque fois qu'on me dit que je suis forte d'être « toujours là » après la mort de ma fille, comme si on s'étonnait que je n'aie pas choisi une autre option : moi je vis dans la vraie vie, pas dans un épisode de série. Les gens en deuil ne disparaissent pas comme par magie. Et j'en veux à cette société que notre présence dérange, jusque sur leurs écrans de télévision.

*

Quand je vivais dans le monde du cancer, tout le monde complimentait ma force. Je me tenais debout et droite comme une montagne, marchais à pas de géant, portant mon bébé dans les bras. Sans vaciller, pleurant rarement. Et chaque fois qu'on me demandait comment je tenais le coup, je répondais : ce n'est pas comme si j'avais le choix, elle a besoin de moi. Je ne sais plus où je vis désormais, même s'il me semble parfois que je n'ai jamais vraiment quitté le monde du cancer. Et une fois de plus, on me dit forte. Je suis toujours debout, j'avance encore, les bras vides. Je ne me suis pas écroulée. Personne ne m'a vue pleurer. Quand on me demande comment je tiens, je ne trouve rien à dire pour me justifier. Cette force, devenue faiblesse puisque tu n'en as plus besoin – énergie gâchée, amour non partagé – ce n'est plus la force de la maman ourse, c'est celle du cafard qui survit à une explosion nucléaire. Cette force qui me pèse, plus lourde que tu ne l'as jamais été, mon papillon. Tout le monde me trouve forte et courageuse, tout ça parce que je t'ai survécu. Mais je ne l'ai jamais pris comme un compliment, et je me sens tout sauf forte au moment où on me colle cette étiquette. Mon cœur est sec et fatigué. Tout m'est douloureux. Parler de toi. Ne pas parler de toi. J'ai l'impression d'échouer dans tous les cas.

Je suis triste, c'est tout. Je suis tout le temps triste.

Chaque jour qui passe m'éloigne de toi. Je ne vois plus ton visage quand je ferme les yeux. Je m'accroche aux détails, mais c'est tenter de retenir la marée à mains nues. Je me bats contre un océan, mon amour, et quel genre de force est nécessaire pour une telle tâche? Je pensais que je te reconnaîtrais toujours, même les yeux bandés. Maintenant, même ton odeur m'échappe, que je pensais si profondément infusée en moi. Je te sens si loin de moi. Je pensais que puisque nous étions faites l'une de l'autre, nous serions toujours ensemble. Je pensais que cet amour serait éternel, le genre d'amour qui est plus fort que la maladie, le genre d'amour qui triomphe de la mort. Je pensais que je trouverais un moyen, que je trouverais un chirurgien, que je trouverais une cure. Je pensais que je pourrais te sauver, ou que ta mort me tuerait.

Je suis tellement désolée, mon bébé. Je t'aime toujours. J'espère que tu m'aimes aussi.

*

Hadj et moi devions nous marier le 10 mai 2014. Le cancer était passé par là et de mariage, il n'était plus question, en tout cas, pas pour nous. Mais la vie de tout le monde ne s'est pas arrêtée à la mort de Soley, seulement la nôtre. Mon demi-frère nous avait annoncé son mariage quatre mois à peine après l'enterrement de Soley. Je me souviens que nous l'avions dévisagé, trop interloqués pour répondre. Hadj refusant de participer à la cérémonie, j'y vais seule. De toute façon, je suis de plus en plus souvent seule maintenant.

La chapelle de Saint-Philibert se dresse au bord de l'eau. Je la connais depuis des années. Une fois, enfant, j'y étais entrée, j'avais fait le tour de l'autel et derrière les cierges, glissée dans une faille entre les pierres, j'avais trouvé une lettre pliée en deux. Je l'avais lue comme j'ai toujours lu tout ce qui me tombe sous la main, particulièrement quand ça ne m'est pas destiné. Je ne me souviens plus de ce que la lettre disait exactement, mais elle s'adressait à la vierge Marie. Le couple qui l'avait écrite lui recommandait leur fille qui venait de mourir. J'avais remis la lettre à sa place, je l'avais oubliée. Elle me revient maintenant, traversant les années comme un boomerang émotionnel.

Le plafond de la chapelle est bleu nuit et constellé d'étoiles. Des maquettes de bateaux sont suspendues au plafond, de jolis ex-voto qui témoignent du temps où le péril venait de la mer. Sur le retable, saint Philibert débarque dans l'anse du Ster après avoir navigué depuis l'Irlande sur une auge de pierre. Près des bancs de messe, un vitrail épelle le mot ESPERE, orné d'une ancre autour de laquelle s'enroule un hippocampe turquoise. J'ai le cœur battu et des goûts musicaux de midinette, alors je chante dans ma tête les paroles de Marc Lavoine : « On a envie de faire l'amour, mais les amours sont diluviennes / Parsemées par les temps qui courent, il n'y a pas d'amours qui tiennent. / J'espère, j'espère, j'espère oh oui, j'espère : c'est mon caractère, j'espère. »

Avant l'échange des anneaux, les mariés lisent les noms des membres de leurs familles décédés qu'ils veulent réunir avec nous aujourd'hui. Quand ils prononcent en chœur : « Notre petite nièce Soley », les larmes me montent aux yeux. À la réception, une coupe de champagne à la main, j'échange quelques mots avec une amie de la mariée qui s'est fait tatouer « destinée » sur le poignet. Elle nous explique qu'elle croit profondément au destin, car « chaque épreuve de la vie a un sens, chaque épreuve nous fait avancer ». Ma cousine à mes côtés sourit nerveusement, finit par lui expliquer qu'elle a choisi la mauvaise personne à qui expliquer sa théorie. La fille me pose la main sur l'épaule et prend l'air inspiré pour m'assurer : « Je sais ». Je m'éloigne. Dans les cinq minutes qui suivent, une autre invitée que je complimente sur sa robe me répond tout à trac : « C'est toi qui as perdu ton bébé ? » J'acquiesce froidement, je n'ai aucune envie de partager ça avec elle. Elle ne semble pas saisir et enchaîne, comme au jeu des devinettes :

« Mort subite du nourrisson ?

– Euh, non. Tumeur au cerveau.

– Heureusement que tu es jeune, tu peux en avoir un autre. »

Finalement, c'est sans doute mieux qu'Hadj ne soit pas venu.

*

Septembre est le mois de sensibilisation au cancer pédiatrique. C'est un événement aux États-Unis, on vend des rubans dorés, on organise des marathons et des soirées dansantes, on illumine les bâtiments nationaux, dans le but de sensibiliser l'opinion et de récolter des fonds pour la recherche. J'ai l'impression qu'en France, personne n'a jamais entendu parler du mois du cancer pédiatrique. Alors, tous les jours, j'ai posté sur Facebook des informations, des pourcentages, des vidéos, des portraits de bébés malades et même une photo de la tombe de ma fille. J'ai égrené des faits : le cancer est la maladie qui tue le plus d'enfants. Plus que le sida, l'asthme, le diabète, les malformations congénitales et la mucoviscidose réunis. Un enfant atteint sur cinq ne survit pas à son cancer. Un nouvel enfant diagnostiqué toutes les trois minutes. Donnez votre argent pour la recherche, votre sang et vos plaquettes pour les enfants malades. C'est pour la bonne cause, bien sûr. Mais j'ai un peu l'impression que ce mois de la sensibilisation, c'est aussi un prétexte pour parler de nos enfants. C'est un peu notre revanche, et quelque part, ça me plaît de forcer le monde à voir notre réalité.

*

Je rêve que mon petit frère m'annonce que Soley est dans sa classe. Je suis confuse, je ne comprends pas, je me rappelle l'année passée avec elle, mais je n'ai aucun souvenir de ce qui s'est passé après. Il m'assure que c'est bien elle, qu'elle a été adoptée, et qu'elle ne veut pas rencontrer sa mère biologique. Je pleure et je m'énerve. Finalement, je me rappelle que non, je ne l'ai pas abandonnée, elle est morte dans mes bras. J'aperçois la petite fille dont mon frère parlait et je comprends que ce n'est pas la mienne ; elle est trop grande, les dates ne collent pas.

*

Avec l'automne, reviennent aussi les souvenirs du jour où Soley a été diagnostiquée. Nous nous sommes battus jusqu'à la fin, mais je crois que quelque part, j'ai su depuis ce tout premier jour. J'ai entendu les mots des médecins et j'ai lu les articles sur Internet et j'ai su. Malgré toutes mes recherches fébriles et nos innombrables discussions, malgré toutes mes suppliques et toutes mes promesses… je savais. À partir du moment où nous avons mis le pied dans la salle d'attente des urgences, la vie et la mort, l'espoir et l'accablement ont commencé à nous suivre comme des jumeaux siamois, joints à la hanche, jamais l'un sans l'autre. Je regardais ma fille, et une part de moi savait que sa vie ne serait pas longue, sans que cela n'y change rien. Rien à ce que je ressentais pour elle. Rien à ce qu'il me restait à faire. Oui, peut-être que j'étais dans le déni, mais peut-être aussi que c'est plus compliqué, que certaines guerres perdues d'avance doivent quand même être menées. Parfois, nous ne pouvons pas choisir ce que nous allons sauver, seulement de quelle façon nous allons perdre.

Elle serait une grande fille aujourd'hui. Parfois je l'imagine comme le bambin qu'elle serait devenue, parfois comme le bébé qu'elle était restée. Serait-elle guérie, ou toujours en train de se battre contre le cancer ? Où vivrions-nous ? Je pense à cette autre vie, cette autre moi, comme à un univers parallèle, et parfois, j'essaie de jeter un pont. En marchant dans la rue, je dis à Hadj, elle serait en train de courir près de nous à cet instant. Elle ferait ceci ou cela et serait à peu près de cette taille, et nous nous laissons aller un instant de cette enfant invisible. Mais il y a si peu de choses à dire. Nous ne l'avons eu qu'une année avec nous, et déjà, elle est morte depuis plus longtemps qu'elle n'a vécu. Les gens nous disent : « Au moins, vous êtes encore jeunes », comme si cela devait nous consoler, mais de quoi ? Oui, nous sommes jeunes, et ainsi condamnés à vivre de longues années sans elle. Quand je pense à toutes nos prières pour un supplément de temps, pour ne te voir accorder que onze mois. Et à nous, une si longue perpétuité.

À la fin du weekend, je dois rentrer à Paris. Devant la porte d'embarquement, quelqu'un s'assoit au piano et se met à jouer *Get Lucky* des Daft Punk. C'était une des chansons que j'écoutais avec Soley. Je la sens si proche que pour quelques minutes, je suis un peu heureuse.

*

« Je ne comprends pas pourquoi tu ne peux pas simplement te réjouir pour les autres. Pourquoi dois-tu tout ramener à toi ? La vie continue. » Les gens ont décidément beaucoup de choses à dire sur les drames qu'ils n'ont jamais vécus. Je suis si fatiguée de sensibiliser, d'expliquer, d'éduquer. D'enseigner, encore et encore. Mais je ne sais pas quoi faire d'autre quand j'entends ces remarques qui me hérissent. Nous sommes des parents en deuil. Nous ne pouvons pas nous réjouir pour vous. Pour cet heureux événement que vous vous apprêtez à célébrer. Ce mariage ou cette grossesse, cette adoption ou cette nouvelle maison. Ce beau projet, quel qu'il soit. Nous, nous n'avons plus de projets. Si les vôtres nous rendent tristes, cela ne veut pas dire que nous sommes méchants ou de mauvaises personnes. Cela veut seulement dire que nous sommes brisés. Nous ne pouvons pas nous réjouir, car nous n'avons plus de joie en nous.

Oui, nous comprenons que votre vie continue, et c'est déjà assez difficile comme ça de le voir. À nos yeux, ça sonne si faux, comme une horloge qui tourne à rebours. Parce que ce n'était pas supposé se passer comme ça. Une réunion de famille sans notre enfant. Tout le monde se réjouissant, sans même voir ce vide énorme. Ce vide qu'il y aura toujours dans notre famille. Un prénom qui ne sera plus prononcé. Un nouvel enfant qui va naître, qui aurait dû être le second, sera maintenant le premier. Un nouveau prénom, prononcé celui-là.

Je ne suis pas désolée de ne pas me réjouir pour vous. Si je regrette quelque chose, c'est seulement que ma fille ne soit pas là pour jeter des pétales de fleurs à votre mariage, pour jouer avec vos enfants. Ça, j'en suis tellement, tellement désolée. Et je suis désolée d'avoir à l'expliquer. Je suis désolée de vivre dans un monde si peu éduqué au deuil et à la compassion. Je suis désolée qu'on me traite d'égoïste parce que j'ai besoin de me protéger. Je suis désolée que nous soyons jugés, au lieu d'être soutenus et entourés. Je suis désolée que ma fille soit morte. Et je suis sincèrement désolée de vous voir l'oublier si vite.

*

Ça ne ressemble plus à de l'amour quand tu m'embrasses si vite que, de ce baiser je ne distingue plus le début de la fin. Ça ne ressemble plus à de l'amour quand nous sommes étendus sur le lit sans pouvoir nous toucher, tant la mort tient de place. Ça ne ressemble plus à de l'amour quand tu m'appelles le soir et que nous trouvons si peu de choses à dire, alors je t'envoie ces mots à la place du silence. Avant, tu m'écrivais ces lettres. Avant, tu trouvais que j'étais la plus belle femme au monde. Avant, tu m'embrassais pendant des heures. Avant, tu disais que je te laissais pantois. Avant, tu disais qu'une nuit sans moi était une nuit inutile. Avant tu m'appelais ta princesse. Avant, tu disais que nous ferions un bel enfant.

Et nous l'avons fait.

*

Quand Soley a été transférée à Curie, il n'était pas prévu que nous resterions à l'hôpital pendant six mois : nous devions alterner les périodes de traitements à l'Institut et les séjours chez mes parents en banlieue parisienne. Le service d'hospitalisation à domicile leur a donc fait livrer deux sacs pleins de matériel médical. Aujourd'hui, nous avons renvoyé toutes ces choses — gants stériles, seringues, pansements, sondes nasogastriques — afin qu'ils puissent être utilisés par une association en Afrique. J'imagine que c'est mieux si ça peut aider quelqu'un, quelque part. Même si c'était censé aider ma fille, ici.

Mais le reste ? Les choses qu'elle a touchées, les choses qu'elle a portées, et celles qu'elle n'a pas eu le temps de porter. Les choses avec lesquelles elle a joué, les choses que nous avions achetées, les choses qu'on lui a offertes. Son mobile, ses oreillers et son tour de lit, sa boîte à musique, ses perles de courage, ses moulages de pieds et de mains. Tout tient dans quelques cartons, et il y a du réconfort à trouver dans les objets, quand nos souvenirs sont si volatiles. Ma fille a vécu onze mois, et pourtant, ces onze mois me semblent si souvent être un rêve, que je me demande si je ne les ai pas inventés. Je ne peux déjà plus convoquer son parfum unique, ces expressions qui n'étaient qu'à elle, le poids exact de son petit corps sur le mien. Parfois, ça fait même trop mal de seulement essayer.

Tous ces objets sont réels, comme l'était ma fille. Ce sont des preuves tangibles de sa courte vie. Je peux les retenir et m'arrimer à eux, surtout le plus précieux : son cochon en peluche, que la mère d'Hadj avait apporté à l'hôpital quand Soley avait huit mois. Soley enfonçait son visage sur le duvet et bavait copieusement sur les oreilles, y laissant une odeur à la fois sucrée et âcre qui a maintenant complètement disparu. Ce petit cochon qui était près d'elle quand elle est morte, celui à qui j'ai passé les chaussettes qu'elle portait, il m'a fallu un an pour être capable de le passer à la machine. Aujourd'hui qu'elle est plus grisâtre que rose, je dors encore avec cette peluche. Une des psychologues que j'ai vue après la mort de Soley m'a conseillé de m'en détacher. Mais ce sur quoi elle a particulièrement insisté, c'est le berceau, qui est toujours dans ma chambre : « C'est comme si vous attendiez son retour, et vous devez comprendre qu'elle ne reviendra pas. Et puis, chaque fois que vous posez les yeux dessus, vous revivez toute l'histoire. Si vous n'étiez pas en train de penser à la mort de votre fille à cet instant-là, le berceau vous y renvoie. Il faudrait mieux le stocker quelque part, est-ce que vous n'auriez pas une cave ou un garage ? » J'ai gardé le berceau, et je me suis débarrassée de la psychologue à la place.

De toute façon, ce n'est pas comme si je risquais d'oublier que Soley était morte. Et regarder le berceau ne me rend pas triste, contrairement au fait de devoir passer devant l'école maternelle de mon quartier tous les jours pour aller travailler (mais j'imagine qu'il est plus compliqué de relocaliser une école qu'un meuble). Je me suis souvenue du jour où nous avions été chercher ce berceau, dans une banlieue chic de Toulouse. Un couple avec trois enfants, qui ne voulait pas de quatrième. Les enfants étaient à table, ils mangeaient du porridge pour le dîner, et nous avions vu dans ce bonheur familial un avant-goût de ce que serait notre futur. En rentrant chez nous, nous avions immédiatement remonté le berceau dans notre chambre, et puis, j'avais dessiné au feutre un dinosaure et un béluga que j'avais fixés au-dessus du petit lit. Nous étions tellement fiers et excités de ramener notre bébé à la maison. Cette maison, nous l'avons perdue en déménageant à l'autre bout du pays pour que Soley soit traitée à Paris. Le berceau a été le seul meuble à partir avec nous, parce que nous pensions qu'elle en aurait besoin quand elle rentrerait à la maison entre deux chimios. Mais elle n'a jamais repassé une nuit dedans, et elle est morte dans un lit d'hôpital.

Quinze mois après sa mort, nous nous sommes sentis prêts à transformer son berceau en meuble pour ranger ses vêtements et ses jouets (le cochon en peluche a reçu une dispense spéciale, il dort encore avec moi). Hadj a scié un des côtés pour en faire une étagère sous le sommier, et j'ai commandé une plaque de verre sur mesure à poser sur les barreaux. Ce n'était pas grand-chose, mais nous avons eu l'impression d'avancer, à notre rythme. Non, nous ne retrouverons jamais notre bébé dans son berceau. Mais Soley garde une place bien à elle à la maison, et cette place ne sera jamais à la cave.

*

Il y a eu une nouvelle attaque terroriste à Paris la nuit dernière. Mes amis américains se sont inquiétés pour moi mais je n'étais même pas à Paris ce soir-là, j'étais partie pour le weekend en Picardie. Comme tout le monde, j'ai appris ce qui s'était passé devant la télévision, hypnotisée par les flashs infos qui se succédaient, jusqu'à ce que mon père éteigne le poste. Nous ne comprenions pas bien ce qui s'était passé exactement : plusieurs attaques coordonnées, l'une près d'un stade, d'autres dans un bar, un restaurant, une salle de concert. Nous savions que c'était grave, sans savoir encore à quel point. On a annoncé 18 morts, puis 30, puis probablement plus de 100. Un massacre d'anonymes, juste des gens normaux qui étaient sortis manger une pizza, boire un verre, écouter de la musique. Le président Hollande a fait un discours : c'était une déclaration de guerre, la

France était en guerre. Une drôle de guerre qui nous oppose à un ennemi sans nom et sans frontière, probablement un ennemi de l'intérieur. Tout le monde a peur, certains beaucoup, mais tout le monde au moins un peu. Alors, c'est comme ça que ça va se passer ? On va se mettre à vivre dans l'ombre de la peur ? Mais vivre quand même, et quand même sortir, et quand même danser, parce que rien n'arrête les vivants. Pas même le terrorisme, pas même les fusillades ; pas même le cancer, pas même la mort d'un bébé.

Maria, la maman de Chloé que je continue de suivre de loin, poste sur Facebook : « Je n'ai pas peur de mourir, mon ange m'attend au paradis ». Je me demande si j'aurais peur. Je ne me sens pas suicidaire, mais la plupart des nuits, je me couche en espérant ne pas me réveiller le lendemain matin et je ne boucle plus ma ceinture en voiture. Pourtant, je ne suis pas sûre que le paradis existe, ni que j'y retrouverais Soley. Je crois que je suis surtout fatiguée de vivre. Je regarde une vidéo des spectateurs fuyant la salle de concert, certains courent, d'autres boitent, d'autres encore traînent des corps avec eux, enjambant des cadavres sur le seuil de la sortie de secours. On entend l'homme qui filme du haut de son balcon : « Qu'est-ce qu'il se passe ? Qu'est-ce qui s'est passé ? » Ils ne lui répondent pas. Je me demande ce qu'ils ressentent. J'imagine qu'à leur place, je serais terrorisée, que je ne penserais qu'à fuir aussi vite que possible. J'imagine que je voudrais vivre. Ma fille est morte, mais j'imagine que je voudrais vivre.

Pourtant, je ne me sens pas spécialement Charlie, ni Paris, ni Bruxelles, ni Lahore. Je ne suis pas triste, ou pas plus qu'avant. Je n'ai pas peur, je prends toujours le métro et le train et l'avion, je bois toujours en terrasse, je n'écoute pas les infos, je ne regarde pas la télé. Cette guerre ne me touche pas comme elle semble toucher mes amis et mes collègues. Peut-être parce que cette impression d'être en guerre, je ne la découvre pas avec ce nouvel attentat. Ma propre guerre, ma guerre secrète et interne contre le cancer, celle qui ne fait pas la une des journaux, a commencé il y a deux ans. C'était une froide nuit d'automne, comme hier. Nous avions surnommé Soley notre princesse guerrière, notre petit tank. Nous savions depuis le début qu'il s'agissait d'une guerre civile, même si nous n'avons jamais voulu le reconnaître: je lui disais que la tumeur était un vilain monstre venu s'installer dans sa petite tête. Je lui disais que le monstre n'avait rien à faire là et que nous allions le chasser. Nous avons utilisé des armes de plus en plus létales, à mesure que nous devenions de plus en plus désespérés. Nous nous sommes installés dans un état permanent de stress et d'anxiété. Comme dans toutes les guerres, il y eut des dommages collatéraux, des morts. Et des survivants.

*

Il y a dix-huit mois que ma fille est morte. Une année et demie. Je ne peux toujours pas l'expliquer. J'ai rampé dans son berceau transformé en meuble, ma cabane secrète, et j'ai pleuré sous le toit de verre. Je fais l'inventaire de mes émotions en commençant par le doute. Tout ce que j'écris est truffé de « je ne sais pas… je ne suis pas sûre… je suppose. » Je ne trouve plus mes mots. Je suis désorientée, confuse, j'erre sans but. Avant la vague, dans une autre vie, j'ai aimé Hadj, qui m'a parlé de bébé avant même de m'avoir dit je t'aime. Et de cet amour — à cause de cet amour, mais aussi pour cet amour, pour le poursuivre, pour le retenir — est née Soley. Et alors, je n'ai plus vraiment aimé qu'elle, et bientôt, Hadj ne m'aimera plus du tout. Déjà je me sens vide, sans rien à donner, ni rien à recevoir. Personne ne prend soin de moi et je ne prends soin de personne, je n'aime personne, personne ne m'aime, et je sais que je ne suis pas aimable ; je me sens isolée et désertée, comme une île perdue.

Soley n'est pas la seule personne à m'avoir jamais aimée, mais c'est la seule à m'avoir aimée comme je voulais l'être. Je crois qu'il n'y a pas d'amour comme celui que vous porte un bébé. Je me souviens de la façon dont elle me regardait, ma petite conspiratrice, avec ses grands yeux bleus plantés dans les miens comme si nous partagions un secret. Personne ne m'avait jamais regardée comme ça, comme si j'avais semé les étoiles dans son ciel. C'est l'amour dont parle la lettre aux Corinthiens, quand saint Paul dit : « L'amour est patient, l'amour est bon. Il n'est pas jaloux, il ne se vante pas, il n'est pas fier. Il n'est pas grossier, il ne cherche pas son intérêt, il ne se met pas facilement en colère, il n'est pas rancunier. L'amour excuse tout, il croit tout, il espère tout, il supporte tout. »

Elle m'a apporté tellement de joie, et je n'échangerais pas ces onze mois pour une vie entière avec un autre enfant. Les autres ne comprennent pas, mais les autres ne sont pas nous. Ils n'ont pas vécu ce que nous avons vécu. Ma guerrière, mon petit tank, ma princesse Valkyrie. Mon cœur hors de mon corps, ma fille capitale. Je t'avais attendue si longtemps, et tu me comblais si complètement. Et à chaque pas, je ressens ton absence, comme un membre amputé, parce que tu devrais être là où je suis. Je n'ai jamais été prête à te laisser partir, je me suis accrochée à toi de toutes mes forces. Je sais que tu pouvais le sentir, et que tu t'es battue pour moi. Le combat que tu as mené, cette force immense dans ton petit corps. Tu as vraiment été mon miracle. Personne ne méritait de vivre plus que toi.

*

La toute première fois que j'avais entendu la chanson, c'était en attendant mon vol pour Toulouse après avoir rencontré le docteur B. à Paris. La rencontre avait été au-delà de mes espérances et j'étais déjà décidée à transférer Soley à l'Institut Curie. En passant la porte d'embarquement, j'avais attrapé les paroles du refrain : « *Gimme, gimme symphonies / Gimme more than the life I see* », et je m'étais promis que c'est ce que je ferais pour ma fille. Je lui donnerais plus : plus que ces faibles chances de survie, plus que ce pronostic sinistre, plus que ce que les médecins proposaient. J'irais arracher les jours pour elle. Bien que le docteur B. n'ait jamais promis de la sauver, je m'étais sentie vivifiée par un regain d'espoir, la certitude d'avoir trouvé la seule personne qui pourrait donner une chance à Soley.

Hadj était venu me chercher à l'aéroport et après que Soley se soit jetée sur moi pour téter, j'avais téléchargé la chanson. Par la suite, nous l'avions souvent écoutée ensemble. La chanson commençait par l'apostrophe « *Hey mami* », à laquelle j'ajoutais en réponse « Hey Soley ! », comme si c'était elle qui me saluait. Et je la faisais danser en bougeant en cadence ses mains accrochées aux miennes, en chantant les quelques phrases que je connaissais au milieu de toutes celles que je ne connaissais pas.

Aujourd'hui, je pédalais sur mon vélo, avec mon casque sur les oreilles, quand la chanson est passée. J'ai souri spontanément en réentendant le « *Hey mami* » d'introduction. Et puis le refrain : « *Gimme, gimme symphonies / Gimme more than the life I see / Score rise up, angels play / Let my loneliness get blown away* ». Et au moment exact où j'ai entendu les mots « *angels play* », tous les lampadaires de la rue que je remontais se sont allumés. J'ai tourné la tête pour voir si ceux de la rue adjacente aussi : non. Toujours éteints.

C'était la deuxième fois que je sentais un signe de Soley. Comme si elle savait que très bientôt, et plus que jamais, j'allais en avoir besoin.

*

Noël 2015. Dans quelques jours, j'aurais vingt-sept ans. Ma fille unique est morte, mon mari vient de me quitter. La semaine précédente. Par e-mail, objet : « Ma décision ». Pour une fille qu'il aurait croisée la veille dans un bar. Ce niveau de sordide et de cruel, ça ne s'invente pas, ou alors, c'est du Zola.

Quelqu'un m'a dit un jour que son couple lui avait redonné foi dans le concept d'intervention divine. J'avais ricané que nous, c'était le concept du purgatoire. Depuis la mort de Soley, j'ai toujours senti qu'Hadj pensait secrètement que nous avions quelque chose à expier. Moi, je m'accrochais à tout ce que nous avions été et à tout ce que nous aurions dû être ; lui, il voulait se décharger de cette responsabilité. Je crois quand même pouvoir dire qu'il a essayé, et je suis à peu près sûre de pouvoir épingler le dernier moment où on a été heureux ensemble – Lisbonne, août 2015, Praça do Comércio, un joueur de guitare, le soleil sur ta joue. Pourtant, notre histoire était déjà morte, il ne restait qu'à l'enterrer. Ça n'allait plus prendre longtemps.

J'ai plus pleuré cette nuit-là que celle où Soley est morte. J'avais vraiment touché le fond. Encore une fois, ma vie s'effondrait. Encore une fois, j'étais complètement impuissante. Encore une fois, il avait coupé son téléphone et refusait de me parler. La rupture n'était pas ma responsabilité, mais je la vivais comme ma défaite personnelle et j'en avais honte. Je l'ai supplié de m'écouter, de s'arrêter et de réfléchir, de rentrer à la maison. Il lui a été facile de pointer que nous n'avions plus de maison depuis longtemps. S'il ne le faisait pas pour moi, au moins pour notre fille, pour ce qui restait de notre famille. On peut s'en sortir, j'ai promis. Je vais faire mieux, je serais meilleure, je t'en prie. J'ai besoin de toi. Je n'y arriverais pas sans toi.

Évidemment, il m'a quittée quand même, tout en m'assurant que nous serions restés ensemble si Soley avait vécu. Cette excuse horrifiait tout le monde, quand elle me réconfortait secrètement. Pour lui comme pour moi, c'était plus facile de blâmer le cancer que d'admettre nos échecs. Peut-être que nous n'étions vraiment pas faits l'un pour l'autre. Peut-être qu'il était réellement un connard égoïste, et moi une insupportable garce. Peut-être que rien n'était écrit entre nous, finalement. Peut-être que nous avions confondu l'attraction et l'amour, peut-être que c'était juste une passion qui n'avait jamais eu vocation à devenir une famille. Et le corolaire insupportable : peut-être que Soley n'aurait jamais dû exister. Je ne pouvais pas vivre avec cette idée.

Le surlendemain de l'annonce d'Hadj, mon père m'encourage à prendre rendez-vous pour une séance de sauna en espérant que cela m'apaise un peu. J'y vais sans y croire, et pourtant, seule dans cette cabine plongée dans la chaleur, je vis un moment suspendu : j'ai la sensation diffuse et inexplicable que ma fille est avec moi, qu'elle me parle à travers la musique de fond qui diffuse des bruits de la nature, qu'elle m'envoie un message d'encouragement et d'apaisement. Je ressens sa présence à cet instant de manière très forte, comme je ne l'ai sentie qu'une ou deux fois depuis sa mort, et comme je ne la ressentirai plus jamais après. Il n'y a pas de signes flagrants, rien de concret que je pourrais décrire comme avec la chanson symphonie ou le volet tagué à Toulouse, le jour de la fête des Mères. Pourtant, il se passe quelque chose, et alors que je pensais avoir écoulé toute ma réserve de larmes ces derniers jours, je me mets à pleurer de joie.

En sortant du spa, je contacte mon amie Laura, qui est tatoueuse. À partir d'une photographie de Soley au sein, ma sœur a tracé une silhouette de notre étreinte : c'est ce dessin que quelques jours plus tard, Laura me tatoue sur l'intérieur du bras. Je m'attendais à souffrir, mais pas du tout. Au contraire, c'est un moment très doux. Nous avons allumé des bougies, je tiens le cochon en peluche dans mes bras, nous parlons de Soley, de sa vie et de sa mort. Nous ne restons pas longtemps ensemble, quelques heures peut-être, mais ces quelques heures sont une bouée à laquelle je m'accroche de toutes mes forces, une respiration au cœur de ces semaines asphyxiantes.

Car la douleur que je ressens ce Noël est presque physique. Le soir du réveillon, le bruit des enfants qui déchirent le papier cadeau m'est insupportable. Mais ma famille est incapable de me soutenir, ni même de me comprendre. J'affute mes reproches, on me rétorque qu'il faut faire des efforts, que je suis une personne négative, et c'est exactement ce qu'il fallait pour que la petite bombe de douleur et de rancœur explose. Ma déception se transforme en haine, je donnerais tout pour que les rôles soient inversés, et qu'ils vivent ce que je vis. Quelques jours plus tard, je m'envolerai pour l'Islande, dans une dernière tentative de fuite qui, évidemment, échouera aussi.

Quand Soley est tombée malade, on nous a tellement répété de garder espoir, de ne pas baisser les bras, de rester forts, « Ça va aller », « Elle va s'en sortir ». J'avais l'habitude de dire : « Chaque jour est un combat, mais chaque jour est une victoire. » Elle est morte et chaque jour est resté un combat, mais maintenant chaque jour est une défaite. Il n'y a pas eu de miracles pour nous. Tout a été de pire en pire, jusqu'à toucher le fond. Cette fois-ci, j'ai vraiment tout perdu. De nouveau, on me sert les commentaires habituels, ceux qu'on recycle de rupture en rupture sans qu'ils ne soient jamais d'un grand secours : « De toute façon tu es mieux sans lui », « Il ne te mérite pas », « Tu rencontreras quelqu'un d'autre ». Mais je ne voulais pas mieux, ni quelqu'un d'autre. Je voulais mon mari, le père de ma fille, la seule personne qui l'avait connue comme moi, qui l'avait aimée autant que moi, qui était là quand elle est née et là quand elle est morte : elle était moitié mienne, et moitié sienne, et c'était cela que j'avais perdu.

Une nouvelle année s'ouvre, qui me trouve plus brisée que jamais. Je ne fais plus aucun projet, je renonce à essayer de comprendre et à tirer des plans sur des comètes éphémères. Je suis arrivée au bout de mes forces et de mon espoir. J'accueillerais la nouvelle année de la même manière que ces gens au restaurant qui refusent de regarder le menu et qui disent au serveur : « Surprenez-moi ! »

Vas-y, 2016. Surprends-moi.

*

J'aurais voulu la sauver. J'aurais voulu la guérir. J'aurais voulu qu'elle puisse grandir, j'aurais voulu la voir courir, j'aurais voulu l'entendre dire : « Je t'aime, maman ». J'aurais voulu que notre fille nous enterre, pas le contraire.

Et après, à mon tour, j'aurais voulu qu'on vienne me sauver. J'aurais voulu me reconstruire avec toi. J'aurais voulu me cacher dans tes bras. J'aurais voulu ne plus perdre personne, ne plus jamais être seule. J'aurais voulu que tu me tiennes la main, j'aurais voulu que tu me choisisses chaque matin.

Maintenant, nous ne vivrons jamais ensemble dans notre cabane au milieu des branches. Nous n'aurons pas besoin de nous dire : « Jusqu'à ce que la mort nous sépare », puisqu'elle nous a déjà séparés. Maintenant, Soley restera toujours notre seule enfant, et il n'y en aura pas de vivants. Et peut-être que notre fille ne souffre plus, mais j'aurais voulu qu'elle ne souffre jamais. Et peut-être que je serais plus heureuse sans toi, mais j'aurais voulu être heureuse avec toi. Et tu sais, je n'aurais pas voulu d'autres personnages. J'aurais seulement voulu leur offrir une meilleure histoire.

*

« Trop jeune pour une telle vie », me lâche un jour un ami en plaisantant, comme nous disons toujours en plaisantant ce que nous pensons vraiment. C'est vrai que j'ai l'impression d'avoir déjà vécu trois vies. Je suis en train de divorcer, au moment où mes amies commencent à se marier. Elles tombent enceintes, alors que mon bébé est mort. Je me sens complètement décalée, presque dans un autre monde. Qu'est-ce que ça signifie de perdre quelqu'un, de perdre quelque chose, de perdre tout le monde, de tout perdre ? J'ai perdu un enfant. Un mari. Une famille. Un foyer. Mon identité de mère. J'ai perdu mon calme tellement de fois. J'ai perdu espoir au point du jour. J'ai perdu la foi et ce qui me restait de compassion. À certains moments, j'ai le sentiment d'être moi-même un cimetière. J'ai tellement perdu qu'il me semble que mes pertes définissent ce que je suis, bien plus que ce qui me reste. C'est tellement d'effort que j'ai parfois envie de mourir pour me reposer.

On me dit que la vie ne s'arrête pas à vingt-sept ans. Je réponds que parfois, elle s'arrête à onze mois.

*

Au mariage d'une amie, je rencontre un invité qui fait l'aller-retour du Mexique pour les noces et nous passons la nuit ensemble. C'est la première fois depuis Hadj, et je suis surtout surprise que ça soit si fluide ; je ne pensais pas que mon cœur brisé serait encore capable de battre si fort, que ça serait si facile de se blottir dans d'autres bras. C'est une histoire sans lendemain pour tous les deux, mais je me sens bien, je suis contente. Jusqu'à ce que d'un coup, ça dérape. Nous allons bruncher en sortant de l'hôtel et je me retrouve soudain à lui aboyer dessus parce qu'il a eu le malheur de me confier qu'il vient de perdre son chien. Ma fille est morte, OK ? Je m'en fous de ton putain de chien ! Ma colère prend le dessus, je ne me contrôle plus. Et au même moment, c'est comme si je voyais la scène d'en haut et je suis mortifiée. Qui est cette folle qui crie en terrasse d'un café ?

Au rendez-vous suivant, je ravale ma honte pour tout avouer à ma psy. Elle m'assure que tout ça est normal, qu'inconsciemment, je cherchais sans doute à me punir pour avoir acté la rupture avec Hadj, et en même temps la fin de notre famille. La séduction lestée du poids du deuil, c'est compliqué. Encore une nouvelle voie qu'il me faudra apprendre à naviguer. N'empêche, j'en resterais embarrassée pendant des semaines en espionnant son profil Facebook.

*

Lors de la retraite pour mères endeuillées, j'ai rencontré une maman qui m'a beaucoup impressionnée. Le deuil ne l'avait pas rendue amère, elle semblait rayonnante et apaisée. Elle m'a expliqué qu'elle ne voulait pas que la petite fille qu'elle avait perdue soit liée à quoi que soit de négatif, mais que ce bébé inspire le meilleur en elle. Je l'avais surnommée la maman Bouddha. Bref, tout mon contraire. J'ai toujours autant de mal avec les interactions sociales. Parfois, j'ai l'impression que la mort de Soley m'a rendue froide et même impitoyable. Je sais que mon cœur s'est ouvert d'une certaine façon, mais il s'est tellement fermé par d'autres. Mon stock de compassion s'est considérablement réduit, et je n'ai jamais été très bien dotée de ce côté-là. J'ai beaucoup de mal à trouver de l'empathie pour les gens qui n'ont pas perdu un enfant. Dans un accès de générosité, j'étends aux maladies graves et au handicap, mais c'est vraiment le maximum que je puisse faire. J'ai du mal à accepter que d'autres se plaignent pour ce que je considère comme des trivialités, c'est-à-dire à peu près tout. Chaque fois que quelqu'un se risque à se plaindre auprès de moi, j'ai envie de le secouer et de lui crier dessus. Mon discours intérieur se déroule tout seul, tant de fois répété, appris par cœur. Sérieusement ? J'ai vécu près d'une année dans un hôpital pédiatrique. J'ai vécu dans l'angoisse, avec cette anxiété qui se réveille chaque matin avec toi, qui pourtant ne semble jamais aller se coucher. J'ai vu mon bébé traverser l'enfer. Je me suis battue contre des docteurs qui pensaient savoir mieux que moi. J'ai allongé ma fille de trois mois sur une table d'opération pour que quelqu'un lui ouvre la tête en deux. J'ai assisté, impuissante, à ses crises d'épilepsie, j'ai prié pour qu'elle me revienne, j'ai observé la tumeur grossir et grossir à chaque IRM. J'ai vu ma fille mourir. J'ai aidé ma fille à mourir. Et maintenant, je dois vivre chaque jour sans elle. Et c'est à moi que tu viens raconter tes problèmes de boulot ou tes peines de cœur ? Un peu de décence, rends-nous service à tous les deux et va pleurnicher ailleurs.

Quand quelqu'un se plaint, quand quelqu'un exige de l'écoute et de la compassion, mon premier réflexe reste de comparer son problème et le mien. Comme si en me parlant de ses problèmes, il estimait implicitement que la mort de Soley était à mettre sur le même plan que ses soucis à lui. J'ai vraiment l'impression qu'on m'enlève quelque chose, qu'on minimise mon drame. Et ça fait tellement mal. Comme Adorno qui se demandait comment on pouvait continuer à écrire de la poésie après Auschwitz, et qui trouvait cela barbare, ça me semble barbare de continuer à geindre après la mort de Soley. Un drame immense était arrivé, et on ne pouvait pas faire comme si de rien n'était. Je sais qu'on a reproché au philosophe d'avoir proclamé un interdit de la culture, et par là même de s'être paradoxalement dressé du côté des barbares qu'il dénonçait. Je crois que comme toujours en philosophie, c'est plus compliqué que ça, mais ça ne me dérangerait pas non plus si c'était exactement ce qu'il avait voulu dire. Ça m'irait bien qu'on décide de bannir des mots, des phrases, des dialogues entiers, parce qu'ils sont devenus indécents. Parce que nous ne sommes pas quittes de ce qui s'est passé. Mais bien sûr, ça ne marche pas comme ça. Les gens ont continué à écrire des poèmes. Il paraît que les déportés en écrivaient eux-mêmes, et qu'on enterrait les rouleaux jusqu'au pied des chambres à gaz. Adorno n'a jamais réussi à museler personne, pour autant que ça ait été son intention, et moi, je ne suis pas un grand philosophe – ni une maman Bouddha. C'est dur de sortir de cette compétition pour la compassion, de séparer la mort de Soley de la litanie des autres contrariétés, de considérer les malheurs juxtaposés, mais détachés. De ressentir de la sympathie pour les chagrins des autres sans me sentir dépossédée. Parfois j'y arrive, souvent non, et peut-être que je n'en serais jamais capable. J'apprends aussi à l'accepter, et à me pardonner d'être devenue la personne qu'il m'a fallu être pour survivre.

*

Mon père, me voyant si abattue, m'encourage à partir en vacances à Nouméa chez un de ses amis qui s'est installé là-bas. La fuite à l'autre bout du monde, voilà un mode opératoire qui me correspond bien. Je prends mes billets. Après vingt-sept heures de voyage, j'atterris en Nouvelle-Calédonie. Les premiers jours, je me sens seule et un peu vulnérable. Je m'égare dans des rues inconnues, j'ai l'impression que les gens me dévisagent et que tous voient que je ne suis pas à ma place. J'ai systématiquement l'impression d'avoir choisi le mauvais musée ou le mauvais restaurant, et de ne pas pouvoir revenir en arrière. J'essaie de respirer, d'être dans le moment présent, mais je me sens coupable de ne pas en faire assez, pas profiter assez, pas m'amuser assez. Comme si c'était trop tard, comme si le temps allait manquer et que je le sentais couler entre mes doigts. Peut-être parce que c'est exactement ce qui s'est passé pour Soley. Je pense aussi à Hadj, j'ai peur de ne pas survivre sans lui. Et je sais que cet amour-là a été perdu pour toujours, et qu'il faudra faire sans. Alors, je me répète tous les jours : ma valeur n'est pas dans ton amour. Ma valeur n'est pas dans ton amour. Ma valeur n'est pas dans ton putain d'amour.

Ma psy m'avait prévenue que le voyage pourrait me déstabiliser, et cet avertissement m'aide à laisser passer la vague. Jour après jour, le soleil de Nouvelle-Calédonie vient poser son baume sur ma peau. Je passe beaucoup de temps à la plage, je lis, je me baigne. Mes insomnies disparaissent: ici je me lève tôt, m'endors sitôt allongée. Je m'inscris à un stage de plongée. Les exercices consistant à retirer son masque à vingt mètres de la surface me terrifient, j'ai peur de finir noyée. Parfois, la peur ne veut pas s'en aller, alors tu dois juste le faire, effrayée: à ça aussi, je survivrai. Et la récompense après, quand on palme doucement dans le lagon au milieu des bancs de poissons, explorant une épave, croisant les tortues et les requins. Téléportée dans un monde magique, je ne pense plus à rien. Enfin, j'arrive à respirer, même si ce n'est que de l'oxygène en bouteille.

Quand je remonte à la surface, l'ami de mon père et sa compagne m'emmènent en excursion dans le sud de l'île. La terre est carmin, le ciel immense. Nous nous arrêtons à un point d'eau pour pique-niquer. Je nage jusqu'au milieu de la rivière, à égale distance de chaque bord, et je reste là, battant des pieds pour ne pas dériver. Il y a assez de place et de temps devant moi, et derrière, tout autant. Je comprends que je suis arrivée au croisement. Soley est avec moi, autour, toujours. Et je la sens ici, à l'autre bout du monde, qui m'enveloppe aussi physiquement que le courant.

*

J'avais une idée assez précise de l'homme qui viendrait après Hadj : il serait grand et séduisant, il serait sûr de lui, il ferait de l'argent et des miracles, il murmurerait des mots d'amour en espagnol. Il serait assez fort pour nous gérer, moi et mon bébé fantôme. Elle m'a retiré le stylo des mains, a barré toutes mes lignes et écrit en dessous : il sera doux pour te guérir, il te tiendra dans ses bras toute la nuit, il embrassera tes cicatrices sans en avoir peur. Il sera assez fort pour vous aimer, toi et ton bébé fantôme.

*

Aujourd'hui, c'est la fête des Mères, la deuxième sans toi. Je ne peux pas faire de bouquet de boutons d'or, c'est une fleur qui ne tient pas. Alors, on fait des bouquets de jonquilles, de craspedia, de tournesols surtout. On fait avec, on fait comme on peut, on s'en contente.

Je te porte toujours, au creux de mon bras, mais tu n'as plus de petites cuisses potelées, plus d'os ni de peau. Alors je t'ai dessiné un corps d'encre, pour que tu sois encore près de moi et sur les photos.

Je parle de toi au présent, en vivante, je leur dis de te traiter comme tous les autres enfants. Peut-être que ça s'appelle faire semblant, mais je ne sais pas faire autrement.

Je t'aime toujours, toujours, toujours, et tellement fort que j'ai encore du mal à aimer les autres, que je ne peux pas complètement aimer cette vie sans toi, que je reste à mi-chemin entre ici et là.

Merci d'avoir fait de moi ta maman. Tu as donné sens à ma vie en un instant.

*

Je n'imaginais pas pouvoir retomber amoureuse un jour. Déjà, j'avais été vaccinée par mon aventure d'une nuit. Qui pourrait m'aimer, brisée comme j'étais ? Qui pourrait me comprendre et accepter mon deuil, mes tempêtes d'émotions, mes nuits de détresse ? Qui pourrait aimer ma fille sans l'avoir connue, lui faire une place dans sa vie ? En apprenant que je gardais encore le berceau de Soley dans ma chambre, des amis m'avaient demandé ce qui se passerait quand je ramènerai un homme à la maison, et cette remarque m'avait accablée. Si la vue d'un simple meuble était déjà trop difficile à supporter pour une personne normale, il ne me restait aucun espoir.

Et pourtant. Malgré le deuil, malgré mes sentiments toujours présents pour Hadj, j'étais toujours un être humain qui avait besoin d'affection, d'intimité et de connexion. Trois mois après la rupture, je m'étais promis à moi-même de ne pas laisser trois années passer. Le quatrième mois, j'ai embrassé un collègue du lycée, mais surtout parce qu'il était très mignon et parce que j'étais ivre. La première fois que Florent est venu chez moi, je l'ai prévenu pour le berceau et j'ai proposé de dormir dans une autre pièce de la maison si c'était trop pour lui. Il a répondu que cela ne le dérangeait pas. Je ne sais pas non plus comment j'aurais réagi s'il m'avait dit non, désolé, c'est trop pour moi.

Depuis la mort de Soley, je m'étais endormie chaque nuit avec son cochon en peluche. La première fois qu'il m'a demandé ce que c'était, j'ai juste répondu : « C'est Soley ». J'ai eu peur qu'il me prenne pour une dingue, qu'il pense que je voyais ma fille réincarnée dans un cochon rose. Mais il s'est contenté de hocher la tête et de caresser la peluche doucement.

Je n'avais pas prévu de tomber amoureuse. Je ne m'en sentais pas la force. Au début, j'essayais surtout d'anesthésier la douleur, mais dans ses bras, je me sentais ancrée, et en même temps, plus légère ; à un moment donné, j'ai commencé à me sentir heureuse. Ça m'inquiétait aussi. Pour la première fois depuis longtemps, j'avais quelqu'un à perdre. Je ne savais que trop bien à quel point le bonheur est fragile, et j'avais peur qu'il ne disparaisse au moment même où j'allais l'accepter. Et si Florent décidait que j'étais si brisée que rien, pas même lui, ne pourrait me reconstruire ? Et s'il me quittait ? Et s'il devait mourir aussi ? J'avais aussi peur de m'éloigner de Soley en retombant amoureuse. Il y a une proximité dans la tristesse, une connexion que je ne voulais pas perdre. Lâcher prise a toujours été la chose la plus difficile pour moi.

Pourtant, je n'avais pas besoin d'avoir peur. Florent n'avait jamais rencontré Soley, mais très vite, il a appris à la connaître à travers moi. Avec lui, je n'avais pas besoin de faire semblant ou de performer le deuil. Je ne pensais pas que c'était possible, mais il me comprenait et me soutenait mieux que personne. Nous étions ensemble depuis deux mois quand il m'aida à organiser à Curie un événement pour les trois ans de Soley, au lieu de fêter son propre anniversaire qui tombait la veille. Hadj, qui avait pourtant promis de venir à Paris pour l'occasion, annula au dernier moment. À un moment, j'ai choisi d'être heureuse.

Bien sûr, tomber amoureux ne répare pas tout. Soley manque toujours à ma vie, à ce bonheur qu'on reconstruit. Mais quand même. Après deux années dans le noir, j'ai l'impression d'ouvrir une fenêtre. Je n'avais pas imaginé que le bonheur puisse avoir son visage. Mais j'aurais pu le deviner : il a les mêmes yeux que ma fille.

*

Je l'ai gardée en vie. Bien sûr, nous l'avons conçue à deux, cet après-midi d'octobre dans sa petite chambre d'étudiant, et depuis ce moment il a toujours été là, et il l'a toujours aimée. Mais pendant ces neuf mois, c'est moi qui l'ai portée, qui l'ai littéralement gardée en vie. Je l'ai nourrie, je l'ai protégée, je l'ai bercée, emportée partout avec moi.

Je l'ai gardée en vie, ces six mois où j'ai pu l'allaiter. Elle adorait le sein depuis le premier jour. C'était un bébé glouton, et même féroce jusqu'à me faire saigner ! Quand les infirmières de réanimation nous ont demandé quelle marque de lait elle prenait pour la nourrir par la sonde, j'avais été choquée. Je n'avais même pas envisagé qu'elle puisse boire autre chose que mon lait, qu'elle puisse survivre grâce à quelque chose qui ne viendrait pas de moi. Et au milieu de l'ouragan, j'ai trouvé une fierté disproportionnée dans ma capacité à tirer du lait pour elle.

Je l'ai gardée en vie quand elle a été diagnostiquée avec une tumeur au cerveau. Je me suis battue pour elle, j'ai été la maman louve, la mauvaise cliente, l'emmerdeuse souvent. J'ai sonné les infirmières et étudié les protocoles de chimio et vérifié les médicaments et demandé une seconde et une troisième opinion. Je l'ai transférée dans un autre hôpital, à sept cents bornes de chez nous, parce que je n'aimais pas ses médecins. Ou peut-être parce que j'estimais que ses médecins ne l'aimaient pas assez, elle. J'ai sacrifié notre maison et le travail d'Hadj en un clin d'œil. J'ai été son porte-parole et son défenseur, obstinément, sans relâche, même quand mois après mois, il devenait clair que nous étions en train de perdre la bataille. C'est moi qui ai dit qu'ils devaient essayer de sauver sa vie à n'importe quel prix. Ils appelaient ça de l'acharnement thérapeutique, je m'en fichais, j'appelais cela de l'amour.

Et bien sûr, à la fin, je n'ai pas pu la sauver. Mais même là, je n'ai pas lâché prise. En la regardant partir, je lui ai promis qu'elle serait toujours mon bébé. Je l'avais gardée en vie contre la maladie, je la garderais maintenant contre la mort et l'oubli. Je la garderais en vie quand personne ne peut la voir, la toucher, l'entendre. Les enfants vivants prennent tellement de place. Si je ne suis pas prudente, mon bébé muet sera bientôt enseveli une seconde fois, enterré sous tous ces cris, tous ces rires, toutes ces petites histoires qu'elle ne pourra jamais raconter et ces premiers pas qu'elle ne fera pas. Soley est morte mais chaque jour, je me bats pour la garder en vie, de ce côté de la vie. Pour que sa vie soit reconnue, pour que son nom soit prononcé, sa présence comptée. Dans ce combat du quotidien, j'ai trouvé un allié inattendu.

Mon amie Ryad a un fils du même âge que Soley. Quelques mois avant sa mort, Ryad est venue de Belgique nous rendre visite à l'hôpital, et elle a amené son petit garçon. Nous avons allongé les bébés l'un près de l'autre sur le lit. Ils ont échangé un long regard. Aujourd'hui, Soley est restée bloquée à onze mois, mais Gaby a deux ans et demi. Ryad a tellement bien réussi à garder Soley en vie dans son foyer que Gaby est capable de la reconnaître sur les photos. On ne comprend pas la mort à cet âge, on sait seulement que certains amis vivent plus loin que d'autres. Récemment Ryad m'a raconté qu'elle lui a acheté une paire de bottes, avec des motifs de coccinelles. Il ne les a pas aimés et s'est plaint que c'était « des bottes de filles ». Quand elle lui a expliqué que les coccinelles appartenaient à tout le monde, Gaby a placé les chaussures près d'une photographie de ma fille et a répondu malicieusement : « OK, bottes Soley. Maman, Soley voler bottes ! »

Mon cœur s'est gonflé de joie en entendant cette anecdote. La plupart des gens sont mal à l'aise quand on parle d'un bébé mort, et alors il se passe ce qui se passe souvent quand on est gêné : on ouvre la bouche et les pires bêtises en sortent. Première leçon d'empathie par un bambin : pas de conseils, pas de platitudes (pas de « au moins » !) Pour Gaby, Soley est un autre enfant, avant d'être un enfant mort. D'ailleurs pour lui, elle n'est même pas morte, elle fait partie de sa vie, elle est toujours parmi nous. Et c'est de cela que j'ai besoin, pas d'incitations à aller de l'avant, d'assurances creuses qu'un autre enfant viendra, et que celui-là sera vivant et en bonne santé. Je veux seulement qu'on m'aide à la garder en vie, qu'on me demande à voir une photo, qu'on me dise qu'elle est belle. Qu'on me pose des questions sur elle, ce qu'elle aimait faire, à qui elle ressemblait. Qu'on prononce son prénom. Je déteste la façon dont on tait son prénom. Je déteste ces conversations sur les enfants où je me retrouve immanquablement à discuter avec quelqu'un qui sait pertinemment que moi aussi, j'ai un bébé, mais qui préférait s'amputer le bras au couteau à beurre que de prononcer les deux syllabes du prénom de ma fille.

*

Toi : « Quelqu'un a dit quelque chose de blessant sur mon bébé mort et je suis furieuse et blessée. »

Tes soul sisters : « On est désolées que ça soit arrivé. C'est tellement dur quand les autres ne comprennent pas. On t'aime, et on aime ton bébé. »

Le reste du monde : « Ne réagis pas comme ça ! Je suis sûr que cette personne ne voulait pas te blesser.

Mets-toi à sa place. Tu ne peux pas t'attendre à ce que les gens réagissent comme tu le voudrais. Tu ne devrais pas les juger. Est-ce que tu ne serais pas en train de surréagir ? etc., etc. »

*

Quand j'essaie de me rappeler ce qu'on a vécu, c'est comme si c'était arrivé à quelqu'un d'autre. Je regarde les photos et tous les personnages ont changé : le bébé mort, le mari enfui et cette fille aux longs cheveux blonds qui ne me ressemble même plus. Je me souviens de notre amour, de nos visages pressés l'un contre l'autre. Je me souviens de nos nuits partagées, de ton petit corps étendu sur le lit d'hôpital. Je me souviens que tu étais ma vie, et sachant que tu ne survivrais pas : de la douleur qui m'ouvrait en deux comme on ouvre un poisson. Mais plus maintenant.

On a vécu sans toi, comme sur un champ de ruines, prenant garde de ne rien reconstruire. J'ai mis les cendres sous cloche, un globe sur chaque souvenir, attendant patiemment le jour où je te trouverais dans ton berceau. Une année blanche est passée, nos meubles dispersés, tes petits vêtements dans un carton. Nous n'avions plus d'espoir, plus de projets, plus de maison, pas de liste de prénoms. On n'a rien reconstruit, on n'a vécu qu'à demi. Je ne respirais qu'une fois sur deux, tant j'avais peur de vivre sans toi. Le soir, j'allais me coucher en priant pour ne pas me réveiller. Mais plus maintenant.

J'ai accepté ta mort, comme une renonciation. Et quand je suis retombée amoureuse, un goût de trahison. Il y a une proximité dans la douleur à laquelle je m'accrochais ; je ne voulais pas cicatriser, je ne voulais pas être soulagée. Je préférais encore vivre dans le passé que nous avions partagé. Mais plus maintenant.

Je garde ce creux en moi, qui ne se comblera pas. Ce bébé fantôme à mes côtés, que nous sommes seuls à voir. Ce silence dans la maison, plus bruyant qu'on ne l'imagine. La pièce perdue qui fait toujours partie du puzzle. Et ça, mon amour, c'est pour toujours.

*

Noël 2016. Je suis malade. Pas seulement le jour même du réveillon, que nous n'avons d'ailleurs pas fêté, mais les deux semaines complètes, du premier au dernier jour des vacances, un mélange de nausées et de grippe. Je frissonne quand on atterrit en Sicile, mais j'attends d'être sous la douche pour me mettre à pleurer, en attendant une eau qui ne deviendrait jamais chaude. Une nouvelle année qui s'achève, une minuscule vie qui grandit en moi, une bougie dans la petite église de Stromboli. C'est tout. Dans quelques jours, j'aurais vingt-huit ans. Je ne dirais pas que c'est le meilleur Noël depuis la mort de Soley, mais c'est probablement le moins pire.

Cela fait plusieurs mois maintenant que je ne rêve plus du tout d'elle.

*

Je ne m'attendais pas à toi. L'arrivée de ta sœur, c'était comme de regarder le soleil se lever après une très longue nuit ; on avait patienté pendant des mois, mais en réalité, je patientais déjà depuis dix ans. Et pourtant, en 2012 déjà, j'avais senti un accès de panique qui se mêlait à l'excitation. Quatre ans plus tard, il ne restait plus d'excitation à mélanger à la panique. Juste de l'effroi et l'impression d'être tombée dans un piège, les larmes aux yeux en sortant de la salle de bains.

Je n'étais pas prête pour toi. Mon cœur était déjà rempli d'amour et de peine, plein à craquer de ta sœur, pas un centimètre de libre. Cela faisait deux ans et demi qu'elle était morte, et ça me paraissait si proche et si loin à la fois. Et je venais juste de tomber amoureuse de ton père – encore un coup que je n'avais pas vu venir. Vous deux, vous avez vraiment eu le chic pour débarquer au moment où je m'y attendais le moins.

Je ne voulais pas être enceinte. J'avais d'autres plans, je rêvais d'autre chose. Je voulais acheter un appartement et faire un grand voyage en Patagonie. La grossesse mettait des bâtons dans les roues de nos projets. C'était une pression énorme sur notre tout jeune amour. On commençait à peine à s'apprivoiser. C'était trop, et trop vite.

Je n'avais rien demandé. Je sais bien qu'un bébé vivant, c'est ce dont rêvent toutes les mères endeuillées. Toutes, sauf moi. Très vite après la mort de Soley on m'avait demandé si on allait essayer d'en avoir « un autre ». J'avais ressenti du dégoût et de la colère d'abord, de la frustration ensuite. Bien sûr que je voulais un bébé, mais pas n'importe quel bébé, mon bébé. Ma Soley. Je savais qu'aucun enfant vivant ne pourrait me guérir. Quand j'ai commencé à annoncer ma grossesse, après l'avoir dissimulée aussi longtemps que possible, tout le monde s'est bruyamment réjoui. « On est tellement contents pour toi ! » Moi, je n'étais pas contente pour moi-même. Mais comment dire mon angoisse et ma tristesse au milieu des félicitations ?

Je n'étais pas assez forte pour toi. Honnêtement, j'étais complètement terrifiée. Le cancer de Soley était génétique, on savait qu'il y aurait un risque pour de futurs frères et sœurs. Ça me paraissait insensé et presque cruel de jouer aux dés avec ta vie. Et je pensais : « Et si ça arrivait une deuxième fois ? », et même parfois : « Et si elle mourrait *encore* ? ». Comme si ces deux grossesses, ces deux enfants, étaient tressées trop serrées pour qu'on puisse réellement les distinguer l'une de l'autre.

*

Première échographie, j'entre seule dans le cabinet, Florent part garer la voiture. En l'attendant, je commence à répondre aux questions sur le déroulé de ma première grossesse. Quand il nous rejoint au bout de quelques minutes, l'échographe mentionne : « On était en train de parler de votre aînée » et il acquiesce avant que j'aie le temps de rectifier que les deux filles n'ont pas le même papa. Mon cœur se gonfle d'amour, comme chaque fois qu'il intègre si bien Soley à notre famille. Heureusement qu'il est là pour me soutenir à chaque étape, car cette grossesse m'est si difficile. Porter un enfant après avoir enterré sa sœur, porter un enfant qui peut-être, à son tour, porte en elle le cancer, comme un sinistre jeu de poupées russes. Le manque de l'une, la peur pour l'autre, c'est lourd à porter comme un immeuble de trente étages. Neuf mois d'angoisse qui m'épuisent physiquement et nerveusement. J'ai mal tout le temps, le monde autour semble excessivement bruyant, je m'endors au milieu de la journée et me réveille en pleine nuit, le souffle court et en sueur.

Je suis terrifiée à chaque échographie, persuadée que l'examen va révéler une tumeur au cerveau.

La première fois qu'on m'a demandé : « Comment va ta fille ? », en parlant du bébé à naître, j'avais eu un mouvement de recul : « Tu veux dire la grossesse ? » Ma fille pour moi, c'était Soley. Mon ventre s'était arrondi très vite et j'avais été forcée de partager la nouvelle avant même d'avoir eu le temps de me faire à l'idée. J'étais encore dans le premier trimestre quand un collègue m'avait coincée dans un coin de la salle des profs pour me poser la question. J'aurais voulu lui dire de se mêler de ses affaires, et que si j'avais quelque chose à annoncer, je le ferais en temps et en heure. À la place, j'ai marmonné que c'était tout récent et que je préférais ne pas en parler, merci. Il avait répliqué : « Mais ça se voit ! », comme si ça lui donnait le droit d'enquêter sur ce qui se passait dans mon utérus. À Florent, qui travaillait dans le même lycée que moi, personne ne demandait rien, et j'en étais jalouse. Malgré mes requêtes répétées de ne pas aborder le sujet au travail, un de mes collègues m'a gentiment demandé chaque matin jusqu'à la fin de la grossesse (littéralement chaque putain de matin) : « Alors, le bébé va bien ? » Et chaque matin, j'avais envie de lui hurler JE NE SAIS PAS ! Je ne sais absolument pas si le bébé va bien, je reste éveillée la nuit à me demander si le bébé va bien, j'ai des crises d'angoisse parce qu'il y a une sérieuse possibilité que le bébé n'aille pas bien, merci de relancer mon stress cinq minutes avant que j'aille donner cours.

Je pleure beaucoup, et pour un rien. Je suis complètement dépassée. Je me sens si isolée, comme si j'étais à des milliers de kilomètres de là. Je n'arrive plus à parler à personne, je ne peux plus supporter un seul conseil, un seul jugement, une seule plainte, un seul mot. Je suis épuisée. Je me sens si mal qu'il paraît impossible d'imaginer que ça puisse aller mieux. Tout le monde m'épuise ou m'énerve. Ces experts autoproclamés du deuil qui n'ont jamais perdu d'enfant, ces mères modèles qui se permettent de me donner des leçons. Ces gens qui n'ont jamais connu d'épreuves et qui font comme si eux et moi, c'était pareil. Pourquoi es-tu si stressée, Chloé ? Tu devrais te détendre, tu devrais rester positive. C'était ta décision de ne pas tester le bébé pendant la grossesse, maintenant, il faut assumer. Ils ne savent rien de ce que je vis. Je suis fatiguée de réexpliquer encore une fois la même histoire. Ma fille est morte. Ma deuxième fille est susceptible de porter la mutation génétique qui a tué sa sœur. Je ne devrais pas à avoir à justifier mes ressentis. Je ne veux plus être pédagogue. Je ne veux plus être gentille. Je n'ai plus la patience. Je n'ai plus la force. J'ai peur que le bébé meure, j'ai peur qu'il soit déjà mort. Florent me dit que je dois m'endurcir. Est-ce que je suis censée me transformer en pierre ?

Dans ces mois si compliqués, où je me sens loin de tous et incomprise, un geste vient me toucher au cœur : pour la fête des Mères, mon amie Laurence m'envoie une carte illustrée par ses fils, afin que je ne sois pas la seule maman à en être privée ce jour-là. Je suis tellement émue que je ne trouve pas les mots pour la remercier.

*

Le ciel est gris au-dessus du Père-Lachaise, nous sommes venus nombreux pour les obsèques de notre collègue et ami, emporté comme Soley par une tumeur cérébrale. Il avait été mon professeur de littérature avant que je ne le rejoigne, dix ans plus tard, dans cette même salle des profs où j'avais jadis volé les sujets de bacs blancs. C'était un enseignant doux et patient, infailliblement élégant, qui s'adressait à nous dans un langage soutenu saupoudré d'humour. L'oraison est belle et bien tournée, à son image. Les « flaques de lumière » des étés de son enfance. Le grand amour qui a donné sens à sa vie, et qui se tient maintenant à côté du cercueil parsemé de pétales de fleurs.

Au sortir du crématorium, nous échangeons quelques phrases sur ce qui arrive au corps après la mort. Alors que Soley était encore vivante, encore chaude entre nous, Hadj et moi avions eu ces mêmes discussions. Nous avions parlé de l'incinération. Puis nous avions appris que les cendres n'étaient en réalité que la partie calcaire des os qui subsiste après la crémation, et qu'il ne nous resterait rien d'un bébé trop jeune pour que ses os aient eu le temps de se calcifier. Je n'avais pas voulu aller chercher une urne vide, alors nous avions choisi le cercueil. Pourtant, ce choix m'avait hantée longtemps, et des images d'horreur avaient envahi mon cerveau, celle de mon bébé en train de se décomposer. Une amie me répond qu'elle, cela ne la trouble pas du tout, qu'il y a quelque chose de cyclique et de naturel dans ce processus. Mon tout petit bébé. Ses petites mains, ses petits pieds. J'ai l'impression que mon cœur est bloqué dans ma gorge, et je ne peux plus parler.

*

« Leur gosse sera COTOREP, et faudra pas qu'ils viennent pleurer. » Nous nous apprêtons à monter dans l'ascenseur quand les mots résonnent jusqu'à nous par l'intermédiaire de l'interphone. Le regard de Florent croise le mien, il hausse un sourcil; avons-nous bien entendu? De l'autre côté du hall, derrière la porte en verre, notre voisine regarde mon ventre rond. Elle s'adresse à son père, mais c'est bien de nous qu'elle parle. Quelques jours plus tôt, nous nous sommes croisés à une soirée, elle m'a vue boire quelques gorgées de bière et visiblement, cela lui a suffi pour tenir mon procès et condamner notre bébé. Florent pousse sur le bouton du 6e étage, l'ascenseur décolle lentement. Une fois dans l'appartement, je reste paralysée sur une chaise pendant près de deux heures, en larmes, le cœur battant, en pleine crise d'angoisse. La haine dans sa voix m'a fait tellement plus mal qu'une gifle. J'ai l'impression que cette fille vient de maudire mon bébé, qu'elle va lui porter malheur.

J'essaie de respirer, de repenser au deuxième accord toltèque : « Quoi qu'il arrive, n'en faites pas une affaire personnelle ». OK, je n'en fais pas une affaire personnelle, mais alors, j'en fais quoi ? Mon incapacité à appliquer ce précepte me semble la preuve la plus marquante de mon inadaptation, si ce n'est à la vie, du moins à la sérénité. Mais Don Miguel écrit aussi : « Un seul mot est comme un sort, et les humains utilisent la parole comme des magiciens noirs, se jetant en toute inconscience des sorts les uns aux autres. » Un mauvais sort. De la magie noire. En une phrase, une fille avec qui je n'ai jamais échangé plus de quelques mots vient de condamner mon bébé. Je pèse ce que cette pensée tient de superstition, et même de ridicule. Je sais que cette voisine a fait elle-même une fausse couche, il y a quelques mois, et qu'elle projette sur moi le poids de son propre deuil, de sa propre culpabilité. Je sais tout cela. Et pourtant, dans la fragilité de cette fin de grossesse, la malédiction prend une cohérence implacable.

Un souvenir parallèle remonte. Alors que Soley était déjà en soins palliatifs, une amie de ma mère m'avait écrit pour me dire : « La prochaine fois que tu seras enceinte, tu feras bien attention à manger bio ». Pourquoi ces mots — comment on en vient à penser cela, à l'écrire, à l'envoyer à la mère d'une enfant gravement malade ? – je n'ai pas plus de réponses aujourd'hui qu'il y a trois ans. La culpabilité à laquelle je pensais avoir échappé me revient en boomerang, je ressens le besoin de me justifier : ce n'était qu'une demi-bière ; Soley souffrait d'une mutation génétique depuis sa conception, les médecins sont formels, rien de ce que j'ai pu faire ou ne pas faire pendant la grossesse n'a pu jouer ; je suis innocente, je suis une bonne mère... La science face à l'angoisse ne tient pas la longueur. Pendant plusieurs semaines, la phrase de ma voisine reviendra me hanter. Il me semble maintenant assuré que ma seconde fille naîtra malade elle aussi, et qu'elle mourra du cancer, et qu'alors la voisine maléfique jubilera, secrètement ravie de me voir punie une deuxième fois.

*

Quand j'ai commencé à enseigner, trois mois après la mort de Soley, la première classe qui m'a été confiée était, de l'avis de tous, exceptionnelle : des élèves brillants, curieux, concentrés, à qui on avait plaisir à faire cours. Une des filles venait de perdre sa maman pendant l'été, et elle trouvait pourtant le moyen d'être encore plus extraordinaire que ses camarades. Un jour, lors d'une leçon sur la Seconde Guerre mondiale, alors que je projetais des photos des villes bombardées, elle s'était levée et avait quitté la salle. J'étais allée la rejoindre dans le couloir et elle avait pleuré dans mes bras. Ça avait été la seule et unique fois. Tout le reste de l'année, j'étais restée complètement professionnelle avec eux. Je n'ai jamais évoqué ma fille, ou le cancer, ou le deuil périnatal, et j'étais persuadée qu'ils ne savaient rien de mon histoire. À la fin de l'année scolaire, ils m'avaient écrit un poème et offert un bouquet de fleurs ; et l'année d'après, ils ont eu le bac et ont quitté le lycée.

Trois ans plus tard, je suis enceinte de Liv, la grossesse entière est infernale comme le sont toutes les grossesses « d'après ». L'échographiste nous prévient dès le premier rendez-vous que le bébé sera probablement une fille et quand il voit ma réaction, essaie de me rassurer : « Ce sera peut-être le même sexe mais c'est un bébé différent, une histoire différente. » Alors que mon anxiété crève le plafond, il est toujours compréhensif et encourageant, procède aux examens avec un soin particulier, nous propose des échographies supplémentaires pour nous rassurer. Lors du dernier rendez-vous, il me demande si j'ai remarqué qu'il porte le même nom de famille qu'un des élèves de ma première année. Je n'avais pas remarqué. Il m'apprend que c'est son fils. « Ces jeunes ne vous ont pas oubliée », me dit-il. « Ils savaient, pour la mort de Soley. Ils ont été très touchés d'apprendre votre grossesse, et ils m'ont demandé de vous dire qu'ils vous souhaitent le meilleur pour le bébé. »

*

La naissance de Liv est très différente de celle de Soley. À Vannes, la douleur est pourtant aussi forte qu'à Toulouse et je répète à Florent : « Je vais crever, je vais crever, je te jure, je suis en train de crever ». Mais cette fois, le bébé arrive très vite, si vite que c'est de justesse qu'on me pose la péridurale. Liv sort avec un tour de cordon autour du cou et une température corporelle un peu basse, on la pose contre moi pour la réchauffer, j'ai l'impression d'avoir passé une grande épreuve.

Très vite je suis capable de me lever, de m'occuper d'elle, la mise au sein est moins douloureuse que pour Soley. Dans l'ensemble, j'ai l'impression de mieux m'en tirer. Nos familles respectives défilent dans la chambre lumineuse pour faire sa connaissance. Quand la petite nièce de Florent demande candidement du haut de ses cinq ans si le bébé va mourir, ses parents sont horrifiés et tentent de la faire taire. Mais cela me plaît à moi qu'elle s'autorise à poser la question, cette question qui me hante depuis des mois et à laquelle nous n'avons toujours pas de réponse. Au moment de la naissance, quelques gouttes de sang ont été prélevées dans le cordon ombilical pour le séquençage génétique. Et c'est une nouvelle déclinaison de l'angoisse, que de coller la peur sur ce nouveau petit visage. Quand dans les jours qui suivront, avec l'accumulation de la fatigue et la chute des hormones, le père de Florent fera remarquer que je suis de moins en moins en forme, je prendrai sa réflexion anodine comme une critique personnelle. Car il a raison : ça se dégrade. En sortant de l'hôpital, nous descendons à la petite cale de Kerizan et je me mets enfin à pleurer en regardant les bateaux au mouillage. La part de moi qui voudrait échanger ce nouveau bébé avec Soley coule doucement de mes yeux jusqu'au Golfe. Florent me prend dans ses bras et m'assure que ça ne durera pas. La confiance qu'il m'accorde me semble déraisonnable, et pourtant, son présage se réalise presque au moment où il le prononce.

Mais l'anxiété ne me quitte pas aussi facilement. Personne n'a abordé le sujet pendant ma grossesse et quand je le faisais, on s'empressait de le balayer, m'assurant que ce bébé serait en pleine santé. Chacun sait que le malheur ne frappe pas deux fois de suite au même endroit. Qu'il est difficile de reconnaître que parfois, le sort s'acharne, qu'il est difficile d'écouter les angoisses d'autrui, et d'autant plus quand ces peurs sont réelles et terrifiantes et tellement pires que tout ce qu'on a pu expérimenter soi-même… Je ne me laissais pas rassurer. Une part de moi se retenait, convaincue que Liv serait malade et finirait par mourir. Élever un enfant gravement malade, un bébé mourant, c'était mon unique expérience de la maternité, je n'avais rien connu d'autre. C'était aussi une façon de me protéger. Je ne voulais pas me laisser aller à y croire, juste pour me faire avoir une deuxième fois. Alors, la nuit, je jouais par avance les scènes dans ma tête : le départ précipité aux urgences, les coups de fil, l'IRM. Les chimios qui ne la sauveraient pas, pas plus qu'on n'avait pu sauver sa sœur. Rouvrir le caveau. Placer un deuxième petit cercueil blanc à côté du premier. Je visualisais ces images avec une surprenante clarté. Je ne peux pas revivre ça, je répétais à Florent. Je ne peux pas perdre un deuxième bébé. Quand les coliques la faisaient hurler plusieurs heures d'affilée au milieu de la nuit, c'était tout de suite à ça que je pensais. Et quand nous recevions des vêtements de la taille supérieure à celle qu'elle portait, je me demandais toujours si elle serait morte avant d'avoir pu les essayer. C'est là qu'allait mon esprit, c'est là qu'il allait toujours.

Quand j'ai enfin reçu un message vocal de l'équipe de génétique, il ne disait pas grand-chose. Juste qu'ils avaient téléphoné à propos des résultats de Liv, mais qu'ils n'avaient pas réussi à me joindre. Il était déjà trop tard pour rappeler à ce moment-là, alors j'ai traversé une nouvelle nuit d'angoisse, pour couronner comme il se devait ces mois éprouvants. Au matin, j'ai eu le docteur au téléphone et, tout de suite, elle a dit : « Liv ne porte pas la mutation ». Elle m'a submergée, cette phrase qui changeait tout. Une vague de soulagement, d'abord. J'étais reconnaissante que Liv soit en bonne santé, et en même temps, ça me renvoyait au fait que Soley ait dû être malade. Maintenant, on me donne avec la cadette ce qui m'avait été volé avec l'aînée : l'espoir de plus de temps, une nouvelle perspective, élever un enfant qui va vivre. Si j'obtiens de la garder, je n'aurai pas besoin de collectionner chaque objet et chaque souvenir de Liv comme je l'ai fait avec Soley. Je m'autorise enfin à y croire, et le sentiment d'urgence commence à s'estomper. Liv fait tout pour, c'est un beau bébé en pleine santé, bien portante et dodue, comme pour prouver quelque chose. Je suis fière de chaque kilo qu'elle prend comme si elle venait de ramener une médaille olympique. Elle rit beaucoup, pleure beaucoup, enfin, elle prend beaucoup de place, ce qui nous comble de joie.

Beaucoup d'amis m'ont fait remarquer que Soley protégeait sa petite sœur de là-haut, mais mes sentiments sur cette histoire d'anges gardiens étaient partagés. Je n'aimais pas l'implication que Soley n'était qu'un personnage mineur dans une histoire plus importante, celle de Liv. Comme si sa vie n'avait pas assez de sens ou de but en elle-même. Et il m'était difficile de comprendre pourquoi Soley aurait dû être un ange gardien, alors que c'est elle qui aurait eu le plus besoin qu'on veille sur elle. Qui exactement était en charge de l'allocation des anges, et pourrais-je avoir un mot avec lui ? Et pourtant, en raccrochant après avoir parlé au docteur, j'ai demandé à Florent s'il pensait que Soley avait protégé Liv. « Bien sûr. C'est ce que font les grandes sœurs. »

*

Soley est morte trois semaines avant son premier anniversaire. Les deux dates, celle de la naissance et celle de la mort, se télescopent au début de l'été. Dans mon almanach personnel, la fin de chaque année scolaire reste une période tendre et fragile, propice aux morsures et aux bleus. En miroir calendaire, la fin décembre constitue toujours un enchaînement de crève-cœurs : mon anniversaire, celui du divorce, puis Noël, le réveillon, et une excellente année à vous aussi – encore une sans ma fille aînée. Avec les années, j'essaie d'apprivoiser ce calendrier des marées intérieures. Je m'attends à ce qu'il y ait une dépression en fin d'année scolaire, une autre en fin d'année civile. Je ne cherche pas à les éviter, mais au contraire, à les accueillir pour qu'elles ne finissent pas par faire tache d'huile et recouvrir toute l'année.

Noël 2017. Dans quelques jours, j'aurai vingt-neuf ans. J'ai décidé de revenir en Bretagne, avec l'espoir que les fêtes soient moins douloureuses à vivre maintenant que nous avons Liv. Pourtant cette année encore, je suis malade, et elle aussi d'ailleurs, que je porte dans mes bras au milieu de ce supermarché bondé. Je n'ai pas de chaussures aux pieds, ma dernière paire a disparu de manière inexpliquée. La musique est trop forte, je plisse les yeux et j'ai mal à la tête. Liv tient mieux le coup que moi, bien que je sois presque sûre que ses dents soient en train de percer. Bien sûr, j'ai pleurniché sur mes chaussures perdues, et bien sûr, Florent m'a dit de ne pas m'en faire, qu'il suffit d'en racheter une paire au supermarché le plus proche. Mais ce ne sont pas juste les chaussures, c'est le gris de l'hiver et l'accumulation de petites défaites du quotidien : Liv qui ne fait pas ses nuits, la pluie qui tombe au moment de sortir, l'absence de sapin. Chagrins insignifiants, je suis la mieux placée pour le savoir. Mais certains jours et certains moments de l'année sont plus durs que les autres. La tristesse qui me tombe dessus est pesante comme un manteau mouillé, un creux dans le ventre qui m'aspire de l'intérieur. Ces jours-là, tout me semble lourd, perdu, l'horizon bouché. Le temps qui passe, forcément gâché, m'angoisse. Chaque année, c'est pire à Noël, la célébration des attentes démesurées. Tellement de pression : à célébrer, à sociabiliser, à se réjouir, à être une famille. Il y aura des étincelles de joie, mais dans l'ensemble, ça sonnera faux. Et comment pourrait-il en être autrement ?

Sache-le : ce ne sont pas juste les chaussures. Ce ne sera jamais « juste » la grippe, ni la fatigue, ni la solitude, ni même ce sentiment d'échec qui marche en douce sur mes talons. Si je me sens submergée par tous ces petits malheurs, paralysée, incapable de faire face, c'est parce que j'ai déjà tout donné, pour survivre à mon grand malheur.

Je sais aussi maintenant que c'est cyclique, que ces semaines les plus noires ne dureront pas. Chaque année pour les vacances d'hiver, nous partons quelques jours à la montagne, et là-bas, je recommencerai à respirer. Quelque chose dans la neige ou dans l'air, le fait de passer la journée dehors, dans les heures d'activités physiques, réussit à m'apaiser, à dissiper les nuages restés bloqués dans ma tête. Et au cœur de ma dépression de Noël, cet horizon m'aide aussi à tenir.

L'autre période qui reste difficile chaque année, c'est donc le début de l'été, avec les anniversaires de naissance et de décès de Soley. D'ailleurs, c'est le moment où je me dispute avec une amie qui travaille avec moi au lycée. Elle prépare un concours qui l'accapare de plus en plus au cours des mois. Quand la date butoir de ses épreuves approche, elle se décharge d'une partie de son travail. « C'est peut-être égoïste, mais j'ai besoin de me protéger », m'écrit-elle. Cela m'atteint de manière démesurée. Je lui rétorque que nous avons tous des problèmes, même si contrairement à elle, certains n'en parlent pas à tout bout de champ, et que ce n'est pas une excuse pour ne pas faire son boulot. Elle ne répond pas, mais elle se met en arrêt de travail pour se concentrer sur son épreuve. Et moi ? C'est l'anniversaire de décès de Soley la semaine prochaine. Est-ce que ça ne compte pas plus qu'un stupide examen ? Est-ce que je n'ai pas besoin de me protéger, moi aussi ?

« Votre colère est peut-être dirigée contre votre collègue parce que justement, elle arrive à faire ce qui vous semble impossible », suppose ma psychiatre. C'est-à-dire ? « Juste ce qu'elle vous écrit. S'autoriser à se protéger. Prendre soin d'elle. Vous avez le droit de vous arrêter, vous aussi. » J'en reste interloquée. Je ne l'avais jamais envisagé. Je ne demande pas à mon médecin de m'arrêter mais ça me donne à réfléchir. Pourquoi je crois toujours que je n'ai pas d'autres choix que d'être un bon petit soldat ? Peut-être parce qu'on m'a appris depuis l'enfance à ne pas trop m'écouter. Mais peut-être aussi parce que j'ai mis au monde une guerrière, qui sera toujours bien plus forte que moi.

Le jour de son anniversaire de décès arrive. Je marche jusqu'à la petite chapelle dans laquelle je n'étais jamais entrée, je passe les portes carmin qui viennent d'être repeintes. Je cherche un cierge à allumer mais je ne trouve qu'un cahier ouvert sur un chevalet. Comme j'ai quand même besoin de faire quelque chose, j'écris : « Aujourd'hui, cela fait quatre ans que ma fille est morte. Elle avait onze mois. Je suis démunie dans cette vie sans elle. » Et en dessous : « Soley, 2 juillet 2013 - 8 juin 2014. Toujours plus brillante que le soleil. » De l'autre côté de l'océan, mon amie Laura organise dans son salon de tatouage un événement caritatif en l'honneur de Soley. Tout au long de la journée, je reçois des messages de ceux qui pensent à elle. Pour une fois, je ne dresse pas la liste de ceux qui oublient. Je ne regarde pas son album photo, ni ses vidéos. Je ne pleure pas. La journée coule avec une douceur inattendue.

Peut-être que c'est comme ça qu'on cicatrise, malgré tout et même malgré soi.

*

Certaines nuits je ne dors pas à cause de Liv.
Certaines nuits je ne dors pas à cause de Soley.
Certaines nuits, les deux.

*

Des années après, j'ai gardé le réflexe d'avoir peur. Je reste sur mes gardes, je suis du regard la voiture qui s'éloigne dans l'allée par crainte de ne plus revoir ceux que j'aime. Des années après, je crains la nuit, j'embrasse toujours Liv une dernière fois le soir, et je répète à Florent : « Enterre-moi, mon amour. » Ma confiance a disparu la nuit où nous avons basculé dans le monde du cancer, et je me méfie de la vie, qui m'a déjà tant pris.

Et pourtant, l'une des dernières fois que j'ai vu mon père, il m'a poussée à me réconcilier avec ma sœur avant qu'elle ne parte pour un long voyage à l'étranger en me disant : « On ne sait jamais ce qui peut arriver ». Il voulait dire à elle, bien sûr, comme s'il ne pouvait rien m'arriver à moi ; comme si le danger, tel le nuage de Tchernobyl, s'arrêtait aux frontières de la France, comme si mon propre bébé n'avait pas été diagnostiqué du cancer sur le sol national. J'ai reçu cette phrase avec la violence d'une gifle. Je lui en ai voulu de ne pas comprendre que je ne pouvais pas continuer à vivre comme ça, perpétuellement en sursis. Et juste trois mois plus tard, à l'endroit où il se tenait en me donnant ce conseil, mon père s'est effondré. Malgré les tentatives pour le réanimer, il n'a jamais repris conscience. Au même moment, je me réveille, à des centaines de kilomètres de là, et bizarrement, ma première pensée ce jour-là est pour une amie qui a perdu son père. Quelques heures plus tard, je suis dans la voiture quand ma belle-mère laisse un message sur mon portable. Elle me demande de la rappeler aussi vite que possible. L'angoisse me prend à la gorge, et je dis à Florent : « J'ai peur, je crois que quelque chose est arrivé à mon père. »

Il était encore jeune. Il était en bonne santé. Il était hilarant et généreux et aimant. Il n'avait pas fini de vivre. Il était mon roc et mon ancre. Il était adorable, tout le monde s'accordait à le dire. Il était doux et décontracté et complètement cool. Perdre mon enfant, c'était perdre mon futur, mes rêves et mes espoirs. Perdre mon père, c'est perdre mon passé, mon foyer, mon port d'attache. Il a été enterré avec Soley dans ce petit village du Lot qu'il adorait et dont il disait qu'il y avait ses racines. Et depuis que mes deux étoiles y sont réunies, j'ai l'impression d'avoir perdu les miennes.

Après la mort de Soley, je m'étais interdit (et du même coup, j'avais interdit au reste du monde) le droit d'être triste quand un adulte mourait. « Je ne vais pas pleurer là-dessus » était une de mes répliques fréquentes ; « là-dessus » pouvant être beaucoup de choses, du moment qu'on ne parlait pas de la mort d'un enfant. Quelques jours avant la crise cardiaque de mon père, c'était le décès d'un célèbre chef cuisinier. Quelqu'un a commenté sur la tristesse de l'annonce, et comme de juste, je l'ai rembarré en lui lançant un regard de travers. La mort d'un bébé de onze mois, c'est un drame, celle d'un septuagénaire au terme d'une vie accomplie, c'est juste normal. Je savais bien que c'était une des nombreuses façons dont mon cœur avait rétréci au lavage : une douleur si grande, qu'elle en efface les autres. À quelle vitesse j'ai changé d'avis quand l'homme accompli s'est révélé être mon père adoré ! Je ne manquais pas d'arguments pour justifier l'injustice de mon nouveau deuil. Mais ce n'est pas pareil ! Mais mon père avait à peine soixante ans ! Il n'était même pas à la retraite, il n'était pas malade, il laisse derrière lui un fils à peine sorti de l'enfance ! Bien sûr, au fond, je venais de comprendre qu'il n'y avait qu'une seule véritable raison, un seul « mais » pour justifier la peine. Et c'était le même « mais » que pour ma fille, pour le chef cuisinier, ou pour n'importe quelle personne qui mourrait : mais je l'aimais.

Soley n'a jamais fêté son premier anniversaire. Liv n'y aura pas droit non plus puisque les obsèques sont organisées à peine trois jours après, le jour de sa naissance. Quand on me l'annonce, je n'ai même pas la force de protester. Mon père est enterré avec Soley, et ce n'est pas une métaphore : ils sont réellement dans le même emplacement du même caveau, l'urne noire devant le petit cercueil blanc. Il est moins abîmé que je ne le craignais, juste un peu sali sur les côtés. Au moment de l'ouverture du caveau, je me demande si ma vie entière n'a pas été qu'une longue expérience scientifique qui a mal tourné. Quelle quantité de douleur peux-tu injecter dans une personne jusqu'à ce qu'elle ne tienne plus debout ?

Quelques jours après, nous décidons de partir en Toscane. Cela semble vaguement inapproprié, et en même temps, la rentrée qui approche m'angoisse. Je sais que, trop vite, je devrais mettre ma peine sur pause pour gérer mes hordes d'ados, comme j'avais déjà dû le faire quatre ans plus tôt. J'espère trouver dans cette pause italienne un répit, même suspendu. Mais à peine arrivés, Florent puis Liv tombent malades, le premier hallucinant sous l'effet de la fièvre, le corps de la deuxième couvert de plaques roses. Je n'ai même pas le temps de pleurer. À Florence, sous la chaleur étouffante, je porte Liv sur mon dos jusqu'en haut du campanile de Giotto.

Florent, les jambes coupées, est resté en bas. Ce qui me frappe surtout, c'est ce petit cimetière fleuri dans le cloître d'une église, où, sans que je sache pourquoi, de nombreuses plaques au mur sont inscrites en français. J'en photographie une, sur laquelle on peut lire ces mots : « Ici reposent Anne Élisabeth Blizzard, née le 9 octobre 1833, décédée le 2 janvier 1834, et Jean Joseph Couture, né le 16 septembre 1833, décédé le 4 mars 1834. Enlevés à l'aurore de leur existence, ils laissent leurs parents inconsolables. Nés l'un pour l'autre, un tombeau les réunit. »

*

La garrigue était humide et nos pieds mouillés. Aurais-je dû savoir que c'était la dernière marche que nous ferions ensemble ? D'autres aventures me reviennent : la nuit où nous étions allés écouter le brame du cerf, celle où nous étions allés chercher à la lanterne le bateau échoué en baie de Somme. Tous ces moments partagés qu'il nous restait à collectionner. À l'idée que tu ne passeras qu'en ombre dans les souvenirs de Liv, je pleure d'injustice. Tu l'aimais tellement, et elle ne se souviendra pas de toi.

En haut de la colline, avant de redescendre vers le village, tu avais pointé du doigt le cimetière en contrebas. Nous étions exactement à l'endroit que je regardais toujours quand j'allais sur la tombe de

Soley : un carré brun de terre déboisée au milieu de la forêt. Et apercevoir le cimetière d'ici, c'était comme de voir le monde à l'envers, regarder par l'autre bout de la lorgnette. Je n'aurais jamais pensé que trois mois plus tard, nous rouvririons le caveau, et que tu aurais disparu à l'intérieur d'une boîte pas plus grande qu'un de ces bidons étanches que tu embarquais pour naviguer. Ils disent que tu es mort mais je trouve ça très difficile à croire. J'ai plutôt l'impression que tu t'es évaporé : pas comme un euphémisme, mais comme par magie noire.

Quel sentiment inattendu, devoir faire de la place pour ton absence, alors que j'aurais juré qu'il ne restait plus une chambre de libre dans ma maison du deuil. Et que tu allais vivre pour toujours, ne serait-ce que parce que j'avais tellement besoin de toi.

*

Noël 2018. Le cinquième sans Soley, le premier sans mon père. Je décide de passer mon tour, et on s'envole vers les Canaries. Il y a du soleil, de l'amour, des glaces au chocolat et de la paella, l'océan tout autour et un ciel d'azur éclatant tendu au-dessus de nos têtes ; le rire de Liv, les pieds dans l'eau, le soleil couchant au milieu des vagues. C'est très doux. Et ça ne change rien au fait que la moitié de ma famille est morte, même si ça ne se voit pas sur les photos.

Quelques jours plus tard, c'est mon « golden birthday », 30 ans le 30 décembre. Pas de soirées de folie, pas de bougies, mais on a tendance à faire des bilans de vie quand on passe une nouvelle année. Quand je regarde la mienne, c'est toujours difficile de ne pas s'appesantir sur tout ce que j'ai perdu. Un enfant, un mariage et un parent avant même d'avoir trente ans : si on était à la télé, on dirait que les scénaristes ont eu la main lourde. Bien sûr, j'ai Florent et Liv, et heureusement. Mais s'il y a une certitude que je porte au fond de moi, c'est que personne ne remplace personne, jamais.

Donc, trente ans. Si je vis aussi longtemps que mon père, je suis exactement à la moitié, alors que Soley n'en a même pas obtenu une entière. Quel que soit le résultat, je ne souhaite rien d'exceptionnel, mais ceci : moins de douleur. Plus d'apaisement. Pas de nouvelles tragédies, bien qu'il y en aura inévitablement, puisqu'elles sont le prix à payer pour l'amour : mais pas maintenant, et le plus tard possible. Que le destin soit plus doux avec ma fille cadette qu'il ne l'a été avec mon aînée. Pour le courage d'apprivoiser la perte de mon père adoré, comme j'ai apprivoisé celle de mon précieux bébé. Et pour une vie après la mort où j'obtienne d'être avec eux pour bien plus longtemps.

*

« Ma fille est morte ». C'était tout ce que je pensais, les premières années, la phrase vivait dans ma tête à temps complet. Le sujet de conversation n'avait pas beaucoup d'importance, je finissais toujours par dissocier. De toute façon, il n'y avait qu'une seule chose que je voulais dire. Ma fille est morte ! Est-ce que tu réalises ça ? Mon bébé. Elle est morte. Je l'ai rarement dit à voix haute. La plupart du temps, je me comportais de manière appropriée. Mais ne pas le dire, ce n'était pas sans conséquence non plus. Je sentais la distance se creuser entre moi et le reste du monde.

Les années ont passé, comme elles tendent à le faire. La mort de Soley était toujours aussi réelle, mais ce n'était plus une surprise, c'était devenu un de ces actes indéniables de l'existence, un fait presque scientifique. La Terre était ronde, ma fille était morte. La nécessité de le crier plusieurs fois par jour a diminué. Les mots étaient toujours vivants, mais ils n'habitaient plus sous mon crâne.

Jusqu'au matin où mon père est mort. De nouveau, je m'efforçais de suivre des conversations insipides, pendant que les mots jonglaient dans ma tête. Mon père est mort ! Est-ce que tu réalises ça ? Mon père. Il est mort. J'avais appris à mes dépens que les bébés morts ne constituaient pas un sujet de conversation populaire, j'ai découvert que c'était pareil pour les pères. Peu de gens ont évoqué ce qui s'était passé à la fin de l'été. Aux dîners de famille, aux soirées entre amis, les conversations ont repris là où elles s'étaient arrêtées. Et en un instant, j'avais l'impression d'être de retour à la case départ du deuil.

*

La première fois que j'ai entendu parler de l'accident en Espagne, j'ai essayé de ne pas y penser. Mais c'était difficile, le fait divers faisait la une des journaux. Plusieurs jours étaient déjà passés, et il n'y avait plus d'espoir raisonnable de retrouver le petit garçon vivant. J'avais déjà tellement de bébés morts en tête, à commencer par le mien. Je ne voulais pas y ajouter Julen. C'était égoïste, mais je ne voulais pas porter son histoire. Sa douleur, sa perte, l'horreur de sa chute, la façon dont il avait dû crier quand le sol s'était ouvert sous ses pieds, et le visage de sa mère, quand elle s'était retournée et que son petit garçon avait disparu. Et de nouveau, quand elle a réalisé que c'était fini. Son bébé était 70 mètres sous terre. Elle ne le reverrait pas vivant.

C'était trop pour mon cœur, peut-être parce que Julen avait presque l'âge de Liv, peut-être parce que ses parents avaient déjà perdu leur fils aîné d'une crise cardiaque. Ou peut-être que c'est trop pour n'importe quel cœur : la disparition soudaine, le piège que personne n'aurait pu prévoir, les jours d'angoisse, l'acharnement du destin. Ces parents avaient déjà vu un fils mourir, et pourtant, ils avaient choisi de faire confiance à la vie une deuxième fois. Et la vie les récompense de cet extraordinaire acte de courage en leur arrachant un second bébé. Je pense à ce qu'une amie m'avait écrit quand je lui avais annoncé la mort de Soley : « Pourquoi, pourquoi, pourquoi ? Ça n'a aucun sens. » Je n'ai pas pu m'empêcher de penser à Liv, à ce qui me faisait le plus peur au monde, la perdre aussi. Alors, j'ai fait ce qu'on fait quand on a peur : je me suis éloignée, j'ai détourné les yeux. J'ai laissé Julen en Andalousie et j'ai essayé de ne plus y penser.

Mais Julen se fichait de ma peur. Il est resté avec moi. Aujourd'hui, on l'enterre. Et je sais qu'on ne peut pas vivre comme ça, dans l'inquiétude et la méfiance, toujours prudents avec nos cœurs. Je sais qu'il nous faut être courageux et téméraires, et continuer à aimer dans ce monde dangereux où la mort rôde partout. Malgré le cancer, malgré les crises cardiaques, malgré les puits cachés par un jour ensoleillé. Je sais tout cela. Mais aujourd'hui, on enterre Julen, et j'ai du mal à respirer.

*

Est-ce que c'est plus facile maintenant qu'il y a Liv ? Évidemment. Soley me manque toujours, la présence de sa sœur ne compense pas son absence, et je soupçonne que rien ne le pourrait, peu importe le nombre d'enfants qui suivront. Mais après la mort de Soley, ma vie était tellement vide. Maintenant, il y a une présence, pas à la place, mais à côté, en parallèle de cette absence. Finalement, entre la mort de Soley et le moment où je me suis aperçue que j'étais enceinte de Liv, il n'y a pas eu si longtemps, deux ans et demi peut-être. Mais deux ans et demi où j'ai souffert d'une solitude à laquelle aujourd'hui, je n'aime pas repenser, deux ans et demi où ma vie m'a semblé creuse et inutile, et pendant lesquels j'avais complètement perdu espoir. Je ne veux pas dire que Liv m'a sauvée, c'est une trop lourde responsabilité pour ses petites épaules, mais il est clair qu'elle est venue réparer beaucoup de choses, à commencer par ma maternité.

Il me semble pourtant que ce délai entre la mort de la première et l'arrivée de la seconde a été nécessaire, et que c'était juste que Soley reste, quelques années encore, ma fille unique. Unique : la seule, celle qui n'existe qu'en un seul exemplaire. Mais aussi : qui se distingue des autres par son originalité, ses qualités. J'avais besoin sans doute de cette tranche de temps qui n'appartenait qu'à elle, et d'éprouver le deuil sans distraction. À aucun moment, je n'ai considéré Liv, qui grandit pour l'instant seule à la maison, comme une enfant unique. Je voudrais lui donner un petit frère un jour, mais que ce rêve se réalise ou pas, elle a déjà une sœur aînée. On me demande encore parfois si Liv sait, si on lui a dit pour Soley, et la question ne cesse de me surprendre tant ça me semble évident. Bien sûr qu'elle connaît sa sœur et son histoire, comment aurions-nous pu le lui cacher ? En grandissant, elle demande de plus en plus souvent à regarder son album ou ses jouets, et commence à poser des questions auxquelles je n'ai pas toutes les réponses. Que fait ma sœur dans les nuages, est-ce qu'elle peut me voir et m'entendre ? Pourquoi les médicaments n'ont pas pu la guérir ? Est-ce que son corps s'est transformé en poussière ? Et quand moi je serai morte, est-ce que tu pourras me mettre un coussin et mes affaires dans mon cercueil ? Parfois, ses larmes coulent et ça me brise le cœur. Mais je suis aussi rassurée de voir Soley si présente dans notre famille. Et je corrige chaque fois qu'on m'écrit un générique « Gros bisous à vous trois » qui me fait bondir : on n'est pas trois, on est quatre.

*

Nous regardons Notre-Dame brûler sur l'écran de télévision. Mes amies ont les larmes aux yeux mais je ne suis plus capable de verser des larmes pour un bâtiment qui part en fumée. Moi, j'ai usé toutes mes larmes. C'est clair qu'il y a un risque de tout relativiser après Soley. Je regarde la flèche tomber et je trouve ça dommage, mais c'est tout sauf un drame. Quand les promesses de dons affluent, qu'on s'engage à reconstruire la cathédrale en cinq ans, je suis quand même écœurée. Pendant ce temps, la recherche sur les cancers pédiatriques manque toujours cruellement de moyens. J'ai envie de parier, c'est l'amertume qui parle, que dans cinq ans, on ne guérira pas mieux l'ATRT que le jour où le cancer a dévoré ma fille. Nos enfants continuent de mourir. Ils sont forts et courageux et ils continuent de mourir. De vrais petits guerriers dans un scénario mal écrit, une histoire à la David et Goliath, la cavalerie polonaise contre les tanks allemands. Ils ont désespérément besoin de nouvelles armes. Sur les ruines contiguës de la cathédrale et de mon cœur, je repense à la devise de la ville de Détroit, écrite par un prêtre français après l'incendie de 1805 *: « Speramus meliora; resurget cineribus. »* Nous espérons des temps meilleurs*;* elle renaîtra de ses cendres. Et une seule réplique qui tourne dans ma tête*:* mon bébé valait des milliers de Notre-Dame.

*

Les cercles concentriques s'enchaînent, et c'est juin de nouveau. Cette période de l'année t'est dédiée, mon cœur est lourd pour toi, pour l'enfant qui était tout mon univers. Alors à chaque inspiration, je fais de la place, j'accueille la pesanteur. Cinq ans déjà que tu es morte, cela semble impossible. Comme chaque année, nous allons au cimetière, nous répétons les mêmes gestes, allumons les mêmes bougies, chantons les mêmes chansons. Mais cette fois, Liv est assise sur mes genoux et fredonne à mi-voix. C'est une boule de joie, ta petite sœur. Je sais qu'elle ne sera pas mon dernier bébé, et qu'un jour, nous trouverons le courage de tout risquer de nouveau. Et je sais aussi que ces bébés ne seront pas comme toi, qu'ils ne pourraient jamais l'être. Le creux que tu as laissé ne sera pas comblé. Ils disaient que tu étais une sur un million, tellement ce cancer était rare. Et une sur un million, définitivement, c'est ce que tu as été pour moi. Je t'ai donné la vie, et tu m'as donné la même chose.

Je ne reçois pas de cartes, très peu de marques de sympathie, même ma famille oublie. La première année, tu trouves ça insupportable qu'on te demande si « ça va mieux maintenant », mais à la cinquième, on ne te demande plus rien du tout. Les jours précédents, une sorte d'anxiété plane. Le bruit des conversations et de la musique me semble anormalement fort, la lumière du jour m'aveugle. Je suis agitée, très émotionnelle, je cherche un peu la bagarre. Une après-midi, je fonds en larmes sur le canapé parce que j'ai une angine ; Florent me regarde, effaré. Si un collègue me demande de lui rendre un service, ou une amie me raconte ses problèmes, je l'écoute de mauvaise grâce, les dents serrées, heurtée qu'on me parle d'autre chose que de l'anniversaire de décès de Soley. Et comme personne ne m'en parle, je traîne les pieds, je sabote un peu, je mène une conversation intérieure en parallèle. Cinq ans après, j'ai toujours besoin qu'on valide ma peine dans ces moments-là, et cinq ans après, je suis toujours déçue. J'essaie de méditer, de faire du yoga et des exercices de respiration, de passer du temps dans la nature, de dormir, d'aller en thérapie. Et j'apprends aussi à accepter ma peine, à ne pas lui opposer de résistance, je m'autorise à ressentir cette angoisse, cette injustice, cette colère, ce manque, l'abandon, la rancœur. Le temps passe. Mais cinq minutes ou cinq *ans*, ou cinquante si c'est ce qui m'attend, il me manquera toujours un enfant. Et pour chaque pas que je ferai sur cette terre, je marcherai dans son ombre : et donc, dans sa lumière.

Le 8 juin arrive. Je réserve cette journée spéciale pour Soley, entourée seulement de Florent et de Liv. Nous marchons jusqu'à l'église Saint-Séverin où avait été célébrée la messe d'enterrement. Liv s'endort dans sa poussette pendant que nous allumons un cierge. Une plaque sous un vitrail porte un extrait d'Ézéchiel : « Souffle sur ces morts, Esprit, et qu'ils vivent. » Je connais l'histoire. La vallée couverte d'ossements, la prophétie, je vais ouvrir vos tombeaux et je vous en ferais sortir… Les morts qui reviennent à la vie, c'est une armée immense ! Il y a cinq ans, j'aurais adoré cette promesse. Aujourd'hui, j'imagine qu'il ne reste plus rien sur quoi souffler dans ton petit cercueil blanc. Nous achetons un bouquet rond de tournesol et de pivoines roses poudrées que je choisis encore fermées, pour les regarder s'ouvrir tout au long de la semaine. Tu m'as appris à trouver de la beauté dans chaque situation, même si certains jours, il fallait chercher plus longtemps que d'autres. Vole haut, mon amour. Je serais toujours le gardien de ta flamme, tu seras toujours les ailes dans mon dos. Personne n'ouvrira ton tombeau, personne ne soufflera sur tes os. Pourtant, nous ne sommes jamais l'une sans l'autre. Et que tu vives, Soley, et que tu vives.

*

Une collègue à la cantine :

« Et toi Chloé, tu as un seul enfant ?

– Non, en fait, j'ai deux filles. L'aînée est décédée d'un cancer.

– Ah, mince… Ben du coup, comme ça, la petite a tout l'amour pour elle !

– Non, on aime toujours notre fille aînée en fait… »

Toutes ces années plus tard, j'ai appris à encaisser et pourtant. Mon cœur loupe toujours un battement quand ils essaient de t'effacer.

*

À la fin de l'été, nous sommes retournés jusqu'au village. Cela ne faisait pas trois mois depuis notre dernier passage, mais mes souvenirs maintenant étaient tous fondus ensemble : les étés d'enfance, les mois d'août brûlants, le lac, les arcs taillés en bois de noisetier, et cet unique Noël, où j'avais reçu le petit ordinateur. Reprendre la route vers le sud, des années plus tard, avant de devenir maman, et après. Les pèlerinages annuels sur la tombe de ma fille. Avec son père, puis sans ; avec le mien, puis sans. Du matin où mon père est mort, je n'ai aucun souvenir de la vieille maison. Je n'y étais pas, on le sait bien, mais je n'étais pas ailleurs non plus : c'est dans une voiture en mouvement que j'ai décroché le téléphone. Comme si aucun lieu ne pouvait contenir une telle annonce.

Je suis de retour, dans cette maison qui est peut-être le dernier foyer que je peux encore revendiquer.

Et ici, mon père me manque d'une façon encore nouvelle. Le manque s'est réveillé dans la nuit, alors que je me pelotonnais dans le lit ; il m'a emmenée au-delà des consolations, là où respirer devient difficile, là où la froide vérité ne se laisse plus accommoder. Oui, on peut toujours écrire, et collectionner tous les souvenirs, et savoir dans nos cœurs que cet amour n'était pas en vain, et croire qu'il nous portera de l'autre côté de cette montagne de deuil. Et, en même temps, comprendre que rien de tout ça ne compte, puisque rien ne ramènera celui qui nous manque. Et que je ne te verrai plus jamais, je ne te parlerai plus jamais, ne t'embrasserai plus jamais, ne pourrai plus jamais m'asseoir sur tes genoux. Et plus jamais, je n'aurai de père. Florent était allongé près de moi, Liv sur un matelas au sol qui touchait le lit. Pourtant, j'étais seule dans la nuit, comme on est toujours seul dans la douleur.

Cette émotion, je la connais, je l'ai déjà apprivoisé après la mort de Soley. Pas juste après, mais plus tard, quand le nuage de confusion s'est dissipé. Cette place pour elle dans mon cœur, c'est un espace sacré, et c'est aussi un territoire lointain, de plus en plus difficile à visiter. Ça fait cinq ans. Et pourtant, je sais que je peux revenir, si je suis prête à faire le voyage, et parfois même, si je ne le suis pas ; il suffit d'une photo, d'une vidéo peut-être, d'un moment complètement seule et d'une chanson particulière.

Ou le flash d'un souvenir, un enfant juste de l'âge qu'elle aurait eu, un retour inopiné dans le passé. Je ne suis jamais heureuse sans ma fille, et je ne serais jamais heureuse sans mon père, mais la douleur, toujours invisible, qui peut lui faire assez de place ? Alors dormez bien, mes amours, mes plus aimés. Dans ces moments, et dans mon cœur, je ne suis pas ici, ce n'est pas ma vraie vie, je suis là-bas avec vous.

*

Il m'a fallu des années pour écrire ces pages, ou peut-être que c'est justement l'inverse : il m'a fallu écrire ces pages pour traverser ces années. Le gouffre dans mon cœur était béant, l'écriture m'a tenu compagnie à ta place. Et si j'ai tant de mal à achever, c'est aussi parce que ce projet m'a permis de maintenir le lien, de retarder le moment de lâcher prise. « Avec celui que nous aimons, nous avons cessé de parler, et ce n'est pas le silence », écrivait Char à la mort de Camus. Non, ce n'est pas le silence, nous n'aurions pas pu le supporter. Et Pessoa d'ajouter : « La littérature est la preuve que la vie ne suffit pas ». Surtout quand elle s'arrête après onze mois.

Mais tu n'es pas morte, puisque je te continue. Puisque j'ai écrit pour te sauver, puis pour te ressusciter, puisque j'ai construit entre nous un pont de mots, pour que tu me rejoignes. J'ai écrit notre amour qui ne voulait pas mourir, qui ne pouvait pas finir, et qui devait trouver d'autres moyens de se dire. J'ai écrit pour te faire un peu plus de place, pour prolonger, pour compenser, parce que tu méritais tellement plus que ces onze mois. J'ai écrit l'avenir que je n'ai pas pu t'offrir. J'ai écrit parce que je voulais que le monde sache, et qu'ils entendent, et qu'ils comprennent, et que cette explosion soit gigantesque, et que notre attentat familial se transforme en guerre mondiale. Je ne sais pas si l'arbre qui tombe dans la forêt fait quand même du bruit si personne n'est là pour l'entendre. Mais je voulais que tu saches que je serais toujours ta forêt, et que j'ai recueilli chacun de tes souffles, jusqu'au dernier. J'ai écrit pour te répéter ces choses que nous t'avions murmurées au moment où tu es morte, que tu étais une petite fille spéciale et merveilleuse, que tu nous avais apporté tellement de bonheur, que j'avais été incroyablement fière d'avoir été ta maman. Te redire encore à quel point nous t'avons aimée et à quel point nous t'aimons toujours, te promettre une dernière fois que nous ne t'oublierons jamais. Alors, je t'ai écrit et c'est toi que j'ai écrite, ma Soley, mon Soso, mon *Sunshine*, ma princesse, mon boubou, ma guerrière, mon petit tank, ma princesse Valkyrie, mon cœur hors de mon corps, ma fille capitale, mon grand amour. J'ai écrit ton prénom quand plus personne ne le prononçait, et j'ai écrit tous tes noms, tous tes sourires, toute ton histoire, et j'ai compris que cette histoire n'était pas une histoire triste, ce n'était pas un accident, ce n'était pas une tragédie, c'était une histoire d'amour, et je l'ai écrite pour toi.

Puis les années en passant ont tiré sur le fil, et la pelote s'est dévidée. Les mots se sont mis à me manquer, comme si tu les avais tous pris avec toi en partant. L'histoire s'est amenuisée, épuisée comme un filon d'or. Que reste-t-il à dire, au fond ? Tu étais un bébé. Tu étais mon bébé. Tu portais bien ton nom, Soley, mon soleil : tu as été le centre de mon univers. Je me souviens du jour où nous avons fait le test de grossesse, dans la salle de bains de ma tante. Du visage rayonnant d'Hadj quand il a dit : « C'est comme si je venais subitement de comprendre le sens de ma vie, c'est comme si toutes les planètes venaient de s'aligner. » Voilà, tu as aligné nos planètes. Et si mon cœur a continué à battre quand le tien s'est arrêté, depuis, c'est toujours un peu compliqué d'être du côté des vivants.

Je vis quand même, sans toi mais avec toi, avec ton absence / présence qui fait partie de notre quotidien, de notre foyer, de notre famille. Tes photos au mur, tes chansons sur le tourne-disque, ta couverture sur le canapé. La journée passe rarement sans que nous ne prononcions ton prénom. Avec les autres, j'essaie aussi de parler de toi, et les mots justes continuent de m'échapper. J'ai presque toujours l'impression de te faire défaut quand je t'évoque, ça au moins ça n'a pas changé. Il y a une impossibilité de transmettre, une absence d'images. Je pense à l'expérience concentrationnaire, à ce qui relève de l'indicible, et toutes ces années après, je n'ai toujours pas trouvé de solution.

Nous nous battons toujours pour ta mémoire, ta place parmi les autres enfants, ton combat contre le cancer ; mais c'est vrai, je ne lutte plus pour te retenir. J'ai intégré ta disparition physique, je veux dire que je la tiens pour réelle et définitive, c'est encore autre chose que l'acceptation. Tu me manqueras, toujours, et ce cratère dans mon cœur est comme celui d'une bombe. Ma vie ne sera jamais accomplie comme celle des autres gens, mais amputée et inachevée, jamais pleinement réalisée. Il me manquera toujours une enfant, celle que j'aimais le mieux.

Pourtant, j'ai continué à aller du côté de la vie, même quand celle-ci n'allait pas de mon côté. Ta petite sœur a fait naître le bonheur que peut apporter un enfant quand la vie lui est clémente, c'est-à-dire tout le bonheur du monde. Je crois maintenant qu'elle vivra, même s'il m'a fallu beaucoup de temps pour arriver jusque-là. Pour me convaincre que cette fois, ça serait différent, que moi aussi j'aurais le droit de voir grandir un bébé. Ce qu'elle a ressenti de l'angoisse étouffante qui a entouré le début de sa vie, et les cicatrices que ça laissera sur son cœur, je ne peux rien en supposer. J'espère qu'elle ne me ressemblera pas trop, qu'elle n'héritera pas de cette anxiété qui me tient encore trop souvent compagnie. Mais même si c'est le cas, j'ai confiance en elle et pour elle. Je suis bien placée pour savoir que d'autres enfants ont à livrer des batailles bien plus sanglantes. Je t'ai vue te battre toute ta vie, ma minuscule guerrière, sans jamais échouer ni renoncer. J'ai appris aussi que pour les vivants, il y a toute une vie pour guérir ce qui peut l'être, et apprendre à porter le reste.

Ainsi le temps passe, qui nous éloigne, autant que celui qui nous était compté nous avait rapprochés, scellé l'une dans l'autre comme seulement la grossesse ou la maladie peuvent le faire. Il m'arrive maintenant de regarder en arrière et de penser : « J'ai tellement souffert », au lieu de « Je souffre tellement ». Je crois pourtant que cette souffrance en creux continue d'affecter chaque parcelle de ma vie, qu'elle en reste le terreau, comme ces villes brûlées et reconstruites à même les cendres.

Quand je vivais dans le monde du cancer, j'avais rencontré une maman dont le petit garçon, atteint d'un rétinoblastome, allait devoir se faire énucléer. Non seulement je n'avais ressenti aucune empathie, mais j'avais même trouvé qu'il n'y avait pas vraiment de raison de s'émouvoir. C'est dire le niveau d'horreur que j'avais atteint : un enfant de trois ou quatre ans allait se faire arracher l'œil, et moi je me disais qu'il avait bien de la chance. C'est un cliché de dire qu'on s'habitue à tout, pourtant c'est vrai, vraiment à tout. Il y a des gens qui vivent emprisonnés dans des camps, des gens qui sont réduits en esclavage, des gens qui sont torturés quotidiennement, des gens qui se lèvent chaque jour en se demandant si ce sera leur dernière journée, et des gens qui se lèvent chaque jour en se demandant si ce sera la dernière journée de leur bébé. Pendant huit mois, ça a été moi. Ça laisse des traces, mais pas seulement. Aujourd'hui, je suis repassée du côté des cœurs tendres, je ne commence plus chaque journée en me demandant si ma fille vivra. Si on m'apprenait soudainement que Liv devait perdre un œil, bien sûr que je tomberais à genoux. Pourtant, je crois aussi que je ne resterais pas à terre trop longtemps. Je n'ai rien oublié de la mère que j'ai dû être pour ma fille aînée, et il me suffit de tendre l'oreille pour entendre les murmures de guerre, et les secrets d'amour de mon enfant guerrière.

Ce soir, je regarde la lune et je pense à toi. Trois-cent-quarante-et-un jours, quatre heures et quarante-cinq minutes, c'est précisément le temps qui nous a été donné. J'ai beau recompter, évidemment, que c'est trop court. Tu n'as vécu que onze mois dans nos bras, et en même temps, cette toute petite existence n'a pas manqué d'immensité. Je sais que tu resteras pour toujours une de mes plus grandes histoires d'amour, que tu as été pour moi le meilleur des bébés comme j'ai été pour toi la meilleure des mamans. Que j'ai déjà réussi ma vie, car chacune de tes inspirations arrachées de haute lutte a suffi à lui donner un sens. Que ce que j'ai fait pour toi, personne n'aurait pu le faire. Que ce que tu as fait pour moi, personne ne le refera jamais.

À chaque instant, j'ai conscience de ce qui manque à ma vie, de ce que je perds chaque jour depuis que j'ai perdu ma fille, de ce qui ne sera jamais guéri, de ce qui ne sera jamais remplacé, jamais comblé, jamais retrouvé.

Et dans le même souffle, de ce qui ne sera jamais perdu.

Remerciements

À l'Institut Curie, Dr Bourdeaut, Nada, Sibele, Dr Diallo, Dr Michon, Dr Jimenez, Dr Schleiermacher, Dr Pieri, Anne, Benjamin, Brigitte, Charlotte, Chloé, les deux Céline, Daphné, Florence, Gaëlle, Julie, Hélène, Ingrid, Laurence, Marie, Marie-Solange, Marjolaine, Marilyn, Muriel, Nina, Patricia, Sandra, Tiffany. À Purpan, Dr Le Camus, Dr Breinig et Dr Boetto, l'équipe de réanimation néo-natale et l'équipe d'hospitalisation médicale. Pour tout ce que vous avez fait pour nous, il n'y a pas de mots.

Table des matières

Achevé d'imprimer en juillet 2022 par Corlet Imprimeur - 14110 Condé-en-Normandie
Dépôt légal : juillet 2022 - N° d'imprimeur : 22070241 - Imprimé en France